LA FISCALITÉ DE DÉVELOPPEMENT EN AFRIQUE DE L'OUEST FRANCOPHONE

Sous la direction de
Nicaise MEDE
&
Errol TONI

LA FISCALITÉ DE DÉVELOPPEMENT EN AFRIQUE DE L'OUEST FRANCOPHONE

Sénégal
L'Harmattan

10 VDN, Sicap Amitié 3, Lotissement Cité Police, DAKAR

http://www.harmattansenegal.com
senharmattan@gmail.com
senlibrairie@gmail.com

ISBN : 978-2-343-14871-7
EAN : 9782343148717

SOMMAIRE

LISTE DES SIGLES

ACP	Afrique – Caraïbes - Pacifique
ATAF	african Tax Administration Forum
APE	Accord de partenariat économique
BIC	Bénéfices industriels et commerciaux
CEA	Commission économique pour l'Afrique (Nations unies)
CGI	Code général des impôts
CEDEAO	Communauté économique des États de l'Afrique de l'Ouest
FMI	Fonds monétaire international
IFU	Identifiant fiscal unique
IRPP	Impôt sur le revenu des personnes physiques
MEFPD	Ministère de l'économie, des finances et des programmes de dénationalisation (Bénin)
OCDE	Organisation de coopération et de développement économiques
OMC	Organisation mondiale du commerce
ONU	Organisation des Nations unies
OSIWA	Open society initiative for West Africa
OTR	Office togolais des recettes
PAARIB	Projet d'appui à l'accroissement des recettes intérieures du Bénin
PIB	Produit intérieur brut
PMA	Pays les moins avancés
PME	Petites et moyennes entreprises
PNUD	Programme des Nations unies pour le développement

NINEA	Numéro d'identification nationale des entreprises et associations
UE	Union européenne
UEMOA	Union économique et monétaire ouest-africaine
TVA	Taxe sur la valeur ajoutée

REMERCIEMENTS

La présente étude a été réalisée par une équipe dirigée par le Professeur Nicaise MEDE et le Docteur Errol TONI. Elle a été coordonnée au niveau national par les Docteurs :

LAGAUD Alex	Côte d'Ivoire
NIANE Abdoulaye	Sénégal
PAGNOU Sasso	Togo

Et Messieurs les doctorants :

AFFOUKOU Hervé	Bénin
AVAHOUNDJE Fiacre	Bénin
AYÉCHORO Déo Gratias	Bénin
BINASSOUA YEHOUESSI Ben Aymard	Bénin
DONATIEN Vanessa	Côte d'Ivoire
HOUNDEFO Carlos	Bénin
HOUENOU Boris	Bénin
KPAKPO Ulrich	Bénin
SILUE Roland	Côte d'Ivoire

L'ensemble de l'équipe tient à exprimer sa gratitude à l'endroit de la Fondation OSIWA (*Open Society Initiative for West Africa*) pour le soutien financier et l'accompagnement constant. Cette gratitude s'adresse également :

- aux autorités et agents des administrations des États couverts par l'étude, en particulier celles financières (Ministères des finances du Bénin, de la Côte d'Ivoire, du Sénégal et du Togo, Office togolais des recettes) ;
- aux contribuables et personnes ressources interrogés ;
- à toutes les autres personnes qui ont contribué à la réalisation de la présente étude.

PROLOGUE

Fiscalité et développement, développement et fiscalité, quel que soit l'ordre dans lequel on prend les termes de ce thème de recherche, l'impôt demeure le point axial. L'impôt est consubstantiel aux sociétés humaines avancées. Il est propre à la civilisation. Il est même un indicateur de civilisation, car il se substitue à d'autres formes de contributions publiques qu'on dirait aujourd'hui barbares et violentes. On pense aux razzias, au tribut et peut-être à l'esclavage. Le Français Pierre-Joseph Proudhon a pu affirmer que « la propriété c'est le vol. »[1] L'évidence aujourd'hui est que la propriété s'est imposée dans le monde, que l'« état de nature » (Jean-Jacques Rousseau) n'a plus qu'un intérêt anthropologique, et que partout nous assistons à une sorte de célébration du moi, à une hypertrophie du moi, que ce moi soit un moi-individu, un moi-famille, un moi-nation, un moi-race ou encore d'autres « idoles païennes, » pour reprendre l'expression du pape Pie XI. La société moderne est fondée sur la propriété individuelle. Il reste à meubler l'espace de l'intérêt public, le domaine de l'intérêt général, le sens du bien commun qui permet à la société globale de fonctionner. Dans une société organisée, structurée et harmonieuse, l'impôt est perçu comme un « abonnement collectif, »[2] la part de chacun pour assurer la quiétude de tous, la contribution de chacun à l'ordre public collectif.

---

[1] P.-J. Proudhon, *Qu'est-ce que la propriété*, Paris, Librairie de Prévot, 1840, *passim*.

[2] P. Leroy-Beaulieu, *Traité de la science des finances*, Paris, Guillaumin et Cie, Libraires, 3ème édit. 1883, p.4.

Vocation initiale de pourvoyeuse de recettes, mais vocation vite dilatée avec l'évolution. Il peut tout faire ou presque, sauf évidemment transformer un homme en femme. L'impôt remplit les caisses publiques, influence la consommation et l'investissement, réprime et punit au même titre que le droit pénal. Le champ de l'impôt s'amplifie et cette amplification met en évidence, pour le chercheur aussi bien que pour le fiscaliste en situation de travail pour l'État, les liens existentiels avec la thématique du développement, une notion à la fois floue et précise, ambiguë et claire, polémique et simple que nous allons définir en nous abritant derrière l'autorité de l'UNESCO. Le développement est « l'ensemble des progrès économiques, sociaux et culturels auxquels aspirent les peuples. »[3] Le progrès économique surdétermine et rend possible les progrès sociaux et culturels. Mais qu'est-ce que c'est que l'économie sinon, d'un point de vue œcuménique, la production de biens et services et leur distribution ![4] En d'autres, la création de la richesse, sa possession et sa circulation. Et nous touchons là quelques pôles de l'assiette de l'impôt : le travail (qui crée la richesse), le revenu (qui est la possession de la richesse) et la consommation qui est de la richesse qui change de mains, qui circule.

L'impôt entretient ainsi un lien presque fusionnel avec l'économie, la création de richesse, le développement. A première vue, il serait redondant de parler de fiscalité de développement. Dans la mesure où l'impôt ne peut pas être envisagé ontologiquement comme une négation de l'économie, une valeur antinomique de la création de

---

3 Boutros Boutros-Ghali, *L'interaction démocratie et développement*, Paris, UNESCO, 2002, p.11.

4 Pour l'économiste Lionel Robbins, c'est "le comportement humain en tant que relation entre les fins et les moyens rares à usage alternatif." (L. Robbins cité par Gilbert Abraham-Frois, *Économie politique,* Paris, 7ème éd.. Economica, 2001 p. XIII).

richesse. L'impôt se nourrit du développement et toute politique fiscale est censée ne pas être, de bonne foi, une entrave au développement. Surtout, lorsque le contexte ouest-africain francophone qui est le nôtre, constitue une invitation à générer de la richesse, beaucoup de richesse, à une cadence soutenue pour réduire et à terme éliminer la pauvreté.

La présente étude est circonstancielle, la circonstance de l'Agenda Africa63 et des plans d'émergence de plusieurs pays ouest-africains francophones comme le Sénégal, la Côte d'Ivoire et le Burkina Faso. La Côte d'Ivoire projette son émergence au terme du Plan national de développement 2016-2020 (49,24 milliards de dollars américains d'investissements, soit environ 29.000 milliards de FCFA). Le Sénégal a lancé un vaste plan appelé Plan Sénégal Émergent dont le Programme d'Actions Prioritaires (2014-2018) évalue les investissements à 9.685,7 milliards de FCFA. Quant au Burkina Faso, il prévoit pour son Plan National de Développement Économique et Social (PNDES, 2016-2020), une enveloppe globale de l'ordre de 15.000 milliards de F CFA avec un investissement annuel d'environ 2.400 milliards de F CFA.

Au regard de ces ambitieux et légitimes quêtes de croissance saine et inclusive, la problématique de notre étude devient simple. Il faut examiner comment l'impôt fait un bon arrimage avec les plans de développement accéléré des Etats. Il faut faire ressortir comment l'articulation entre les systèmes de taxation et les mécanismes productifs est réalisée. Comment l'impôt n'est pas un frein mais un adjuvant pour l'investissement, le travail productif et l'emploi sans oublier la protection de l'environnement dans une perspective de développement durable.

Selon les Nations Unies, les recettes tirées de l'impôt sur tout le continent sont de l'ordre de 527,3 milliards de dollars chaque année,[5] soit environ 316.200 milliards de francs CFA comparées aux 48.097 milliards de francs CFA pour le PIB nominal des huit pays membres de l'UEMOA pour l'année 2014.

La première manifestation de la condition de sous-développé est le déficit en infrastructures. Certains en déduisent que les pays sous-développés sont tout simplement des pays sous-équipés. Pour sortir de l'état de sous-équipement l'Afrique doit investir dans les infrastructures. Selon la Banque africaine de développement (BAD) il faudrait chaque année injecter 95 milliards de dollars EU (57.000 milliards FCFA) dans la construction d'infrastructures nouvelles.[6]

La Conférence d'Addis-Abeba sur le financement du développement (juillet 2015) a préconisé la promotion de mécanismes de financements innovants pour suppléer la baisse tendancielle de l'aide au développement. [7] Les transferts de fonds des travailleurs migrants ont été identifiés comme une source complémentaire de ressources pour le financement du développement. Ils peuvent être optimisés par l'émission de titre obligataire "diaspora" ou la titrisation des transferts d'argent des migrants. Selon une étude du département de la recherche de la Banque africaine de développement, « les envois de fonds vers l'Afrique sont estimés autour de 37 milliards de dollars en

---

[5] Nations Unies, Commission économique pour l'Afrique, *Financements novateurs et transformation économique en Afrique*, Addis-Abeba, CEA/ONU, 2015, p. 24.

[6] D'où le Programme pour le développement des infrastructures en Afrique (dit par acronyme anglais PIDA) et la création du fonds Africa50 (http://www.afdb.org/fr/consulté le 10 septembre 2016).

[7] Nations Unies, *Document final de la troisième Conférence internationale sur le financement du développement : Programme d'action d'Addis-Abeba*, p.2

2010, marquant un bond significatif par rapport à leur niveau de 1995 (un peu moins que 10 milliards de dollars) et ont dépassé l'aide au développement. »[8] Selon un autre rapport de la Banque africaine de développement publié en 2011, "les rentrées d'envois de fonds en Afrique ont quadruplé au cours des 20 dernières années (depuis 1990), en atteignant environ 40 milliards de dollars (2,6 % du PIB) en 2010.[9]

Pour intéressants qu'ils soient, les envois de fonds des travailleurs migrants ne suffisent pas à combler le *gap* existant entre les besoins immenses en ressources du continent et les réalisations financières de différents guichets de ressources. En conséquence, il faut optimiser la cagnotte fiscale, triturer davantage l'impôt. D'autant que le taux de déperdition de la manne fiscale est impressionnant. Selon l'ONG américaine *Global Financial Integrity*, les *net resource transfers* (incluant les transferts illégaux et légaux de capitaux) s'élèvent à 1,5 trillions de dollars US sur la période 1980-2009 (soit la somme faramineuse de 900.000 milliards de FCFA), faisant ainsi de l'Afrique une pourvoyeuse nette de ressources au monde de l'ordre de 597 milliards de dollars US. [10] Sur cette base, on peut valablement soutenir l'idée que l'impôt peut être optimisé du point de vue de l'administration fiscale. En clair, l'État peut tirer des recettes plus importantes de l'imposition des

---

[8] Banque africaine de développement, *Diaspora Bonds and Securitization of Remittances for Africa's Development*, 2010.

[9] Banque africaine de développement, *Le rôle de la diaspora dans la construction de la nation : Leçons à tirer par les États fragiles et les États sortant de conflits en Afrique, Rapport Préparé par L'Unité des États fragiles (OSFU) Vice-Présidence Opérations II – Opérations sectorielles*, 2011, p. 7.

[10] African Development Bank & Global Financial Integrity, *Illicit financial flows and the problem of Net Resource Transfers from Africa: 1980-2009*, Join report, may 2013, p. 1.

citoyens et des entreprises. C'est tout l'objet de la présente étude.

Comment optimiser le rendement de l'impôt pour le plus grand bien des caisses du Trésor public. Les chemins de l'optimisation sont multiples. *D'abord*, il y a la question des techniques fiscales : la règlementation relative à l'assiette, aux taux et aux modalités de recouvrement. C'est toute la législation fiscale qui est en cause ici, législation entendue au sens le plus large et incluant les textes de nature règlementaire et la doctrine fiscale. Les huit pays membres de l'UEMOA appartiennent à une même union économique. Ils n'en sont pas moins en compétition pour attirer l'investissement direct étranger. C'est à qui présentera le régime fiscal le plus attrayant. L'Union mène une politique d'harmonisation fiscale mais laisse une marge de manœuvre aux États membres pour définir un code des investissements national, un régime d'imposition du bénéfice propre à chaque État. Mais la menace principale n'est pas intra-UEMOA ; elle dérive de la concurrence des pays anglophones de la région (Ghana, Nigéria) et, d'une manière générale, des avantages fiscaux comparatifs que peuvent offrir l'ensemble des pays émergents et en développement d'Asie et d'Amérique latine. [11] La mondialisation des économies, la globalisation des échanges obligent l'Afrique de l'ouest francophone à avoir une vision globalisante de ses fiscalités.

Ensuite, il y a l'aspect du management des administrations fiscales. Sont en cause ici les questions institutionnelles (faut-il fusionner la douane et les impôts, la solution de l'office de revenus est-elle la bonne ?) et les questions organisationnelles : la gestion des affaires, la compétence des ressources humaines, les systèmes de

---

[11] Organisation pour le commerce et le développement économiques, *L'investissement direct étranger au service du développement, optimiser les avantages minimiser les coûts*, Paris, OCDE, 2002.

motivation, les effectifs d'agents, etc. C'est une dimension importante de l'ingénierie fiscale. La lourdeur des procédures, l'endo-évasion fiscale (corruption des agents), l'indolence ambiante, le manque de personnel et quelques autres insuffisances constituent des entraves sérieuses à l'optimisation du rendement de l'impôt.

Enfin, il y a le facteur international. Par définition, il échappe à la maîtrise des administrations fiscales nationales. La thématique des paradis fiscaux, des prix de transferts, des bénéfices consolidés et autres techniques d'évasion fiscale sont à l'ordre du jour des sessions du G20 [12] et des instances panafricaines comme l'Union africaine.[13] La territorialité de l'impôt ne s'accommode que

---

[12] Réunis en Chine les 4 et 5 septembre 2016 à Hangzhou (Chine), les dirigeants du G20 ont chargé l'OCDE de lui remettre *« d'ici à juin 2017 »* une liste noire des pays non coopératifs dans la lutte contre l'évasion fiscale. L'OCDE pourra ainsi *« préparer d'ici le sommet des chefs d'État et de gouvernement du G20 de juillet 2017, une liste des juridictions qui n'ont pas assez progressé pour atteindre un niveau satisfaisant de mise en œuvre des normes internationales reconnues sur la transparence fiscale »*, ont souligné les dirigeants des vingt principales puissances mondiales. *« Plus que jamais, la lutte contre les paradis fiscaux est l'une des priorités du G20 »*, a assuré le directeur du centre de politique et d'administration fiscale de l'OCDE, Pascal de Saint-Amans, également présent à Hangzhou. Ce message *« très fort »* du G20 signifie que les pays non coopératifs ont jusqu'à juillet 2017 *« pour se conformer aux critères de l'OCDE »*, a-t-il ajouté. *« Être sur la liste noire aura un impact dévastateur sur l'économie des pays cités. Il s'agit d'une sanction extrêmement lourde. Il y a un impact majeur et immédiat sur les flux financiers qui vont dans ce pays en le tarissant »*, a-t-il insisté (http://www.lemonde.fr, consulté le 20 septembre 2016).

[13] Union africaine/Commission économique des Nations-Unies pour l'Afrique, *Localisez-les, neutralisez-les, recouvrez-les : Flux financiers illicites,* Rapport du Groupe de haut niveau sur les flux financiers illicites en provenance d'Afrique, Rapport établi à la demande de la Conférence conjointe UA/CEA des ministres des

très mal avec la mondialisation des affaires et des bénéfices. Au bénéfice global des multinationales, la bonne méthode d'optimisation du rendement fiscal serait d'opposer une imposition internationale à l'internationalisation des bénéfices. La redistribution de la cagnotte fiscale se ferait alors au prorata du chiffre d'affaires réalisé dans chaque pays. Vaste chantier mais noble défi !

Abomey-Calavi, le 10 septembre 2016

nmede@becg-i.com

---

finances, de la planification et du développement économique, Addis-Abeba, 2015.

SYNTHÈSE

La fiscalité de développement traduit l'idée d'une fiscalité mise au service du développement, qu'il soit économique, social, environnemental ou autre. En Afrique de l'Ouest francophone (notamment au Bénin, en Côte d'Ivoire, au Sénégal et au Togo), un état des lieux révèle que ce vœu louable est contrarié par de nombreux éléments. Les insuffisances identifiées au niveau des systèmes fiscaux sont nombreuses et appellent la mise en œuvre d'un train de mesures adaptées tant au niveau conceptuel qu'opérationnel.

L'ÉTAT DES LIEUX

L'héritage français commun au États étudiés est à l'origine d'importantes ressemblances entre leurs systèmes fiscaux. L'une des rares différences significatives est constituée par le maintien des impôts cédulaires en Côte d'Ivoire (avec la superposition d'un impôt général sur le revenu) contrairement aux trois autres pays. Mais, quel que le soit l'État retenu, on assiste à une étroitesse de l'assiette de l'impôt. Cela est dû, entre autres, à l'importance du secteur informel, à la faible maîtrise des incitations fiscales, et, plus généralement, à l'évasion fiscale qui sont peu maîtrisées. D'autres insuffisances ont trait à l'indisponibilité des textes fiscaux, à l'inadéquation de la législation fiscale ou à son caractère incomplet par endroits à cause de la non-édiction des textes d'application, au déficit d'informatisation des administrations fiscales et leur faible niveau de connexion avec les autres administrations. A cela s'ajoute la faible propension pour l'évaluation des mesures ou réformes adoptées, ainsi que la faiblesse des moyens affectés au contrôle fiscal.

LES RECOMMANDATIONS

Sur un plan conceptuel, il importe de limiter les effets pervers de la libéralisation en cours des échanges commerciaux, d'élargir l'assiette fiscale (à travers la lutte contre toutes les formes d'incivisme et une meilleure maîtrise du secteur informel et des exonérations fiscales), de renforcer l'harmonisation fiscale et la sécurité juridique dans la sous-région UEMOA.

Sur un plan opérationnel, l'action devra être orientée dans le sens de la promotion d'une administration fiscale plus équitable, l'amélioration de la coopération entre l'administration fiscale et les autres administrations (publiques ou privées), et le renforcement des capacités humaines et matérielles (surtout l'informatisation) de l'administration fiscale.

INTRODUCTION

Le rapport du PNUD (2015, p. 4) sur le développement humain rappelle des statistiques peu flatteuses : 795 millions de personnes souffrent de faim chronique dans le monde, plus de 660 millions de personnes boivent de l'eau non potable, 11 enfants de moins de 5 ans meurent chaque minute et 33 mères meurent chaque heure, 780 millions d'adultes et 103 millions de jeunes (15-24 ans) sont analphabètes, etc. Dès lors, comment inverser la tendance ? Les recettes proposées sont nombreuses et constituent ce que certains auteurs (GUILLAUMONT, 1988, p. 4) ont appelé des « stratégies de développement ». La fiscalité, grâce à son importance et à la perception qu'on en a de nos jours, constitue un des domaines de prédilection des différentes stratégies de développement. L'Organisation de coopération et de développement économiques (OCDE) rappelle à cet égard que la fiscalité est « une composante essentielle de toute stratégie de croissance favorable aux pauvres et de développement à long terme ». Cette conception de la fiscalité en tant qu'outil de développement s'est accentuée au cours des dernières décennies, à tel point que le concept de fiscalité de développement est aujourd'hui largement répandu dans les esprits.

DÉFINITIONS

Par fiscalité de développement, il faut entendre une fiscalité au service du développement. La fiscalité est ici entendue comme un ensemble de règles ayant trait à l'assiette, à la liquidation, au recouvrement et au contentieux des impositions de toute nature. Quant au

« développement », il renvoie à l'idée de croissance, d'épanouissement, de bien-être. Il ne se rapporte pas ici au seul développement économique, mais concerne également le développement sur les plans social, environnemental, etc.

Comment favoriser la croissance par le biais de la fiscalité ? Comment permettre l'amélioration des conditions de vie des populations par ce biais ? Telles sont les préoccupations qui ont donné naissance au concept de « fiscalité de développement ». Cette approche de la fiscalité, qui consiste à voir au-delà de l'aspect traditionnel de mobilisation de ressources au profit des personnes publiques, est apparue au XIXe siècle avec des doctrinaires et des hommes d'État comme LIST et MELINE en France, PATTEN et CARREY aux USA. Mais, ladite approche est également très présente dans les pays en développement à travers des mécanismes comme l'institution de prélèvements « pollueur-payeur », la mise en place de zones franches industrielles, la taxation aménagée des petites entreprises… Cette présence du concept de fiscalité de développement dans les pays du Sud se comprend aisément ; ils ont un impératif de développement inscrit à leurs agendas respectifs.

Du point de vue de la théorie financière, il s'agit d'une approche de la fiscalité qui transcende la fonction financière de l'impôt, la seule que l'on retrouve chez les doctrinaires financiers libéraux (Gaston JÈZE notamment), pour s'intéresser à ses fonctions économique et sociale, c'est-à-dire à l'instrumentalisation de l'impôt pour atteindre des objectifs économiques ou sociaux.

Cependant, quelle que soit la perception envisagée de la fiscalité, elle demeure l'un des principaux canaux de mobilisation de ressources au profit de l'État et de ses démembrements, ressources indispensables pour la couverture des charges publiques et au lancement des chantiers de développement. De ce point de vue, la fiscalité doit permettre de mobiliser un maximum de ressources afin de couvrir le plus de besoins possibles de la personne publique. Or, il est évident que c'est au niveau des pays pauvres que ces besoins sont les plus nombreux et les plus pressants.

Dans ces conditions, il devient indispensable de rechercher le juste équilibre, de déterminer les conditions nécessaires à la mise en place d'une fiscalité rentable non seulement pour l'État et ses démembrements, mais également pour leurs partenaires : entreprises et particuliers. Une telle recherche ne saurait être menée de manière générale, car les déterminants d'une fiscalité de développement sont largement fonction du contexte. Une délimitation de l'espace de l'étude s'impose donc.

L'ESPACE DE L'ÉTUDE

Il est constitué par les États francophones de l'Union économique et monétaire ouest-africaine (UEMOA) : le Bénin, le Burkina-Faso, la Côte d'ivoire, le Mali, le Niger, le Sénégal et le Togo. Autrement dit, il s'agit de l'ensemble des États membres de cette organisation, à l'exception de la Guinée-Bissau.

L'INTÉRÊT DE L'ÉTUDE

Pour mieux comprendre l'intérêt de la présente étude, il importe de rappeler son principal objectif : déterminer les conditions permettant d'implanter dans les États étudiés une fiscalité de développement. En clair, il s'agit d'identifier les insuffisances au niveau des systèmes fiscaux concernés, puis d'en déduire des stratégies permettant, à la fois, de mobiliser davantage de ressources fiscales et de favoriser la croissance économique et, plus généralement, le bien-être des populations. Il n'est pas nécessaire d'effectuer de longs développements pour percevoir l'enjeu de ces questions, surtout pour les pays ouest-africains francophones. Le développement économique n'est toujours pas une réalité dans ces pays et plusieurs études ne cessent de rappeler leurs besoins énormes en ressources (encadré n° 1).

Certes, il s'agit de préoccupations qui ont déjà fait l'objet de plusieurs travaux. Mais, leur persistance conforte l'idée qu'il faut mener de nouvelles réflexions et identifier de nouvelles pistes. C'est ce que se propose de faire la présente étude.

Plus encore, sa « neutralité » constitue un avantage considérable. N'étant commanditée ni par un État, ni par des investisseurs privés, elle peut être créditée d'une certaine impartialité. En effet, il est remarqué que de nombreuses études qui abordent la question fiscale sont financées soit par des États, soit par des groupements privés. Logiquement, les résultats obtenus sont donc soit de nature à créer les conditions de maximisation des ressources fiscales de l'État (sans référence à la nécessité de promotion du développement économique par une fiscalité adaptée), soit de nature à créer les conditions de promotion du développement économique (sans référence à la nécessité pour l'État d'obtenir un certain volume de ressources pour faire face aux charges publiques). Ce n'est évidemment pas le cas de la présente étude qui tente de concilier les deux exigences. Pour ce faire, il a été employé une méthodologie bien précise.

Encadré n° 1 :
Les besoins en ressources fiscales des États de l'Afrique de l'Ouest francophone

Ces deux dernières années, la croissance économique des États africains a globalement connu un ralentissement. Les prévisions de croissance du Fonds monétaire international (FMI) et de la Banque mondiale, pour l'année 2016, se situent respectivement autour 1,6% et 2,4%. Le renversement d'une telle tendance nécessite des investissements importants. Plus généralement, c'est le développement de l'Afrique sur tous les plans qui nécessite des investissements importants. Pour n'évoquer qu'un seul exemple, le dernier rapport de l'*Africa progress panel* (2015, p. 12) montre bien que l'ampleur des défis énergétiques du continent nécessite de mobiliser davantage de ressources.

Le même besoin en ressources est rappelé par la plupart des organisations internationales. La Banque mondiale (2016, p. 3) note à cet effet que « le renforcement des capacités dans le domaine de la mobilisation des ressources (dans les pays en développement) est en outre indispensable pour atteindre les objectifs du développement durable ». L'Organisation des Nations Unies, à travers sa Commission économique pour l'Afrique (CEA, 2015, p. 18) ajoute que « la disponibilité des ressources financières pour mettre en œuvre les projets de développement est une des conditions pour le développement de l'Afrique ». Quant au Fonds monétaire international (2011, p. 8), il précise que « dans les pays à faible revenu, la question des recettes revêt une grande urgence ».

Plus exactement, en Afrique de l'Ouest francophone, ce besoin est plus préoccupant en raison du tarissement progressif de certaines sources traditionnelles de financement, à savoir l'aide publique au développement et les ressources douanières. En effet, d'une part, les crises connues par les pays du Nord (depuis 2007- 2008) réduisent leurs capacités financières et les obligent à être moins généreux vis-à-vis de leurs partenaires du Sud. En 2013 par exemple, seuls quelques pays du Comité d'aide au développement (Luxembourg, Danemark, Norvège, Suède et Royaume-Uni) sont parvenus à dépasser l'objectif de 0,7% du produit intérieur brut (PIB) fixé aux pays donateurs. D'autre part, c'est l'insertion des économies des États étudiés dans la globalisation (régionalisation à travers l'institution de tarifs extérieurs communs, accords de partenariat économique…) qui provoque une baisse de leurs recettes douanières. Dans ces conditions, le développement de la fiscalité intérieure se présente comme un impératif.

LA MÉTHODOLOGIE DE L'ÉTUDE

L'étude a principalement emprunté une démarche de recherche-diagnostic. Globalement, il s'est agi d'identifier les insuffisances actuelles des systèmes fiscaux des États membres de l'UEMOA, puis de faire des propositions en vue de les éradiquer ou de les atténuer tout au moins. Par endroits, des techniques de la recherche-explicative ont été sollicitées. Elles ont notamment permis de vérifier le pragmatisme des théories fiscales conçues pour expliquer les insuffisances observées dans les systèmes fiscaux étudiés.

Deux types d'enquête ont été réalisés dans le cadre de l'étude : une enquête documentaire et une enquête de terrain.

L'enquête documentaire a permis de mobiliser un certain nombre de documents concernant le sujet (voir bibliographie). Lesdits documents ont été choisis de manière à ne pas se limiter à la dimension juridique du phénomène étudié, mais en prenant en compte, autant que faire se peut, les autres aspects, notamment celui économique.

Quant à l'enquête de terrain, dans l'impossibilité logistique de l'effectuer dans tous les États de l'UEMOA, elle s'est déroulée dans quatre d'entre eux : le Bénin, le Togo, la Côte d'Ivoire et le Sénégal. Le choix de ces États répond à la considération fondamentale de ne pas occulter la diversité des systèmes fiscaux étudiés. Ainsi, l'administration fiscale togolaise est constituée par la fusion des services des impôts et de ceux de la douane en un organe unique, ce qui n'est pas le cas dans les autres États. De même, en Côte d'Ivoire la législation fiscale distingue l'imposition des bénéfices commerciaux de ceux non commerciaux, ce qui n'est pas le cas au Bénin par exemple. D'autres exemples peuvent être cités.

Dans chacun des États retenus, l'échantillon interrogé a été retenu de sorte à assurer la représentativité des principaux acteurs de la fiscalité. Il était donc généralement composé de contribuables, d'agents de l'administration fiscale, de conseils fiscaux et de personnes ressources. L'effectif de cet échantillon a été initialement fixé à 80 personnes (à raison de 20 par pays). Mais, au final, le nombre de réponses effectivement obtenues et traitées s'est élevé à 81 (19 pour le Bénin, 23 pour la Côte d'Ivoire, 20 pour le Sénégal et 19 pour le Togo). Les outils ayant permis de recueillir les informations ont principalement été deux guides d'entretien, l'un à l'endroit des agents de l'administration fiscale, l'autre à l'endroit des contribuables. Dans les autres cas, des adaptations de ces deux outils de base ont permis de mener l'enquête de terrain.

Par ailleurs, il convient de signaler que le sujet a été examiné sous l'angle exclusif de la fiscalité intérieure étatique. En d'autres termes, la fiscalité locale et la fiscalité de porte ont été exclues. Cette restriction du champ de l'étude a été commandée par les délais (6 mois) et moyens disponibles. De plus, en raison du processus de transition fiscale engagé par les États de l'UEMOA (décision n° 10/2006/CM/UEMOA du 23 mars 2006), la fiscalité intérieure étatique semble être celle au niveau de laquelle les enjeux sont les plus importants.

Au regard de tout ce qui précède, la restitution des conclusions de l'étude couvrira deux axes. En premier lieu, il sera fait un état des lieux des systèmes fiscaux étudiés. Cet état des lieux se basera une présentation desdits systèmes et l'énumération des insuffisances détectées. En second lieu, et dans la droite ligne des insuffisances notées, il sera formulé des recommandations. Celles-ci visent à permettre d'atténuer les insuffisances et, *in fine*, à identifier des pistes pour asseoir une fiscalité de développement en Afrique de l'Ouest francophone.

CHAPITRE 1

UNE FISCALITÉ INADAPTÉE

Il s'agit, d'une part, de présenter les systèmes fiscaux identifiés dans le cadre de la présente étude. D'autre part, il est mis en exergue les diverses insuffisances qui affectent ces systèmes.

1.- PRÉSENTATION DES SYSTÈMES FISCAUX DES ÉTATS ÉTUDIÉS

Elle sera axée sur la législation fiscale, puis sur l'organisation et le fonctionnement de l'administration fiscale.

1.1.- LA LÉGISLATION FISCALE

Plus d'un demi-siècle après les indépendances, en dépit de l'attribut de souveraineté que représente la fiscalité, la plupart des États ouest-africains francophones disposent d'un encadrement normatif de cette matière qui reste fortement influencé par l'héritage colonial. Les principaux impôts qui forment cet encadrement peuvent être regroupés en trois grandes catégories : les impôts sur le revenu, les impôts sur le patrimoine et les impôts sur la dépense.

1.1.1.- Les impôts sur le revenu

Ils sont constitués des impôts sur les sociétés, sur les bénéfices industriels, commerciaux, artisanaux et agricoles, sur les bénéfices non commerciaux, sur les revenus salariaux (versés et reçus) et ceux sur les gains en capital (revenus de dividendes, de créances, intérêt).

La catégorisation juridique de ces impôts est semblable au Bénin, au Togo et au Sénégal avec la distinction de l'imposition des revenus des personnes physiques de celle des personnes morales. En revanche, le système d'imposition des personnes physiques en Côte d'Ivoire suit une double logique : des impôts cédulaires coexistent avec un impôt général sur le revenu. L'institution de retenues à la source permet d'accroître l'efficacité des prélèvements. Les mécanismes d'imposition forfaitaire, quant à eux, illustrent les tentatives de fiscalisation du secteur informel.

1.1.2- Les impôts sur le patrimoine

Il s'agit des impôts sur le capital : droits de mutation, droits d'enregistrement, droits d'hypothèque et d'inscription à la conservation foncière... Chacun de ces impôts a ses caractéristiques, sa légitimité et son utilité propres.

Perçus par les sous-directions ou agences des domaines, ils sont soit fixes, soit proportionnels, soit progressifs. Les droits fixes s'appliquent aux actes qui ne constatent ni transmission de droit de propriété ou de ses démembrements, ni partage. Le droit proportionnel s'applique sur les transmissions de propriété ou d'usufruit entre vifs, alors que le droit progressif s'applique pour les transmissions par décès ou à titre gratuit.

Il est à noter que la loi béninoise n° 2016-14 du 20 juillet 2016 portant loi de finances rectificative pour la gestion 2016 exempte du paiement de droits d'enregistrement la plupart des opérations liées à des mutations de biens immeubles. L'objectif visé est de mettre fin à l'insécurité foncière au Bénin par la formalisation effective des opérations effectuées dans ce cadre. Cette formalisation sera facilitée pour les populations par la réduction des coûts qui y sont liés. Par ailleurs, cette mesure vise également à stimuler le marché de l'immobilier et diminuer le coût du crédit.

1.1.3.- Les impôts sur la dépense

Les impôts sur la dépense regroupent la taxe sur la valeur ajoutée (TVA), les droits d'accises et certaines taxes spécifiques.

La taxe sur la valeur ajoutée. Création française de l'année 1954, la TVA fait dépendre le poids de l'impôt de la valeur atteinte par les biens et services consommés ou intermédiaires au stade de la consommation finale. Elle a été répliquée dans la plupart des États africains (FMI, 2011, pp. 28-34). L'assujettissement à la TVA est déterminé par la nature des opérations effectuées ou des produits concernés, indépendamment de la situation personnelle de l'assujetti ou de son client. Le mécanisme fonctionne de sorte que les taxes ayant grevé les consommations intermédiaires et les biens d'équipements soient déductibles.

S'il est vrai que les taux sont fixés par les législateurs nationaux, le cadre juridique de la TVA est harmonisé au niveau sous-régional (UEMOA). L'objectif est d'éviter la mise en place de taux discriminants entre les produits nationaux et étrangers d'une part, et d'éviter que les taux appliqués dans les pays ne soient des entraves à la libre circulation des biens et services au sein de l'espace (parce qu'éloignés les uns des autres) d'autre part. C'est ainsi que la directive n° 02/2009/CM/UEMOA du 27 mars 2009 prescrit, en son article 29, aux États membres un taux compris entre 15% et 20%, avec la possibilité d'appliquer des taux réduits entre 5% et 10% à un nombre maximum de dix produits ou services choisis dans une liste établie par la directive.

Les droits d'accises et taxes spécifiques. Les droits d'accises, constituent des taxes indirectes frappant certains biens comme l'alcool, le tabac, le café, les armes et munitions, etc. Les droits d'accises font également l'objet d'une harmonisation au sein de l'espace UEMOA (directive n° 03/2009/CM/UEMOA du 27 mars 2009).

1.2. - L'ORGANISATION ET LE FONCTIONNEMENT DE L'ADMINISTRATION FISCALE

L'administration fiscale en Afrique de l'Ouest est entre bureaucratisation, modernisation, professionnalisation et apprentissage.

La bureaucratisation des administrations fiscales se manifeste par un nombre non négligeable de fonctionnaires établis dans des bureaux répartis sur une bonne partie du territoire national. Dans un souci de rationalité, dans la plupart des pays, les services en charge des grandes entreprises sont distincts de ceux en charge des entreprises de taille moyenne ou moins. Les démembrements des services régionaux ou départementaux se chargent des petites entreprises qui relèvent de l'impôt forfaitaire.

Par ailleurs, face aux défis de plus en plus accrus de mobilisation des recettes pour le financement du développement, les administrations fiscales sont confrontées, dans un contexte de développement des techniques de fraude et d'évasion fiscale, à une obligation de modernisation. Elle justifie la vague de planification stratégique de leurs actions qui s'observe au cours de la présente décennie. De même, chacun des États est à la recherche du mode d'organisation le plus approprié pour son administration fiscale. Par exemple, entre 2009 et 2013, quatre arrêtés successifs ont été pris pour réorganiser la Direction générale des impôts et des domaines du Sénégal. L'impératif de synergie entre la Douane et les Impôts a sans doute conduit le Togo à opérer la fusion entre ces deux grandes administrations par la création de l'Office togolais des recettes. Cette fusion, parfois encensée, car considérée comme un modèle de bonne gouvernance fiscale par certaines institutions internationales, aurait permis d'avoir une augmentation de 23% des recettes publiques en un an (NTAGUNGIRA, 2015).

Sur le plan des relations avec les contribuables, les administrations fiscales affichent leur intention d'être au service du contribuable. Dans tous les pays, elles animent des sites internet qui constituent d'excellents moyens de diffusion de l'information et d'interaction avec les usagers. Par exemple, à la date du 7 août 2016, le site internet de la Direction générale des impôts de la Côte d'Ivoire affichait un nombre de 1438 visiteurs. Ces sites ont l'avantage d'être des plateformes plus ou moins dynamiques, avec de la documentation fiscale ainsi que des formulaires et informations sur l'organisation des structures de l'administration fiscale.

Sur le plan de la professionnalisation, les administrations fiscales sont animées par des fonctionnaires qui sont passés par les écoles de formation aux techniques fiscales en Afrique et en Occident. On semble être loin de la période où le manque de formation ou de compétences constituait le principal handicap à la performance des administrations. Chaque année, grâce à la coopération avec des pays développés, un certain nombre de fonctionnaires sont admis à se faire former dans de « grandes » écoles de fiscalité.

Les écoles d'administration des États étudiés sont aussi des centres d'incubation pour la formation des cadres des différentes administrations fiscales. L'OCDE, le FMI (à travers Afritac-Ouest) et diverses autres organisations internationales offrent également des occasions de renforcement des capacités des acteurs des administrations fiscales.

2.- INSUFFISANCES

D'une manière générale, en Afrique, les performances en matière fiscale sont en-deçà des attentes. La CEA (2015, p. 8) souligne à cet égard que, ces dernières années, « de nombreux pays ont enregistré un coefficient de pression fiscale inférieur à 10% (du PIB) ». Ce constat de faible niveau de pression fiscale en Afrique est conforme à celui du FMI (cité par MEFPD / Bénin, 2015, p. 24) selon lequel « dans environ la moitié des pays en développement, les impôts sont inférieurs à 15% du PIB, contre une moyenne de 34% dans les pays membres de l'OCDE ».

Dans un tel environnement, l'Afrique de l'Ouest ne produit pas les pires résultats. Les niveaux de pression fiscale y sont supérieurs à ceux de pays tels que la République centrafricaine, la République du Congo, l'Éthiopie et le Soudan où la pression fiscale se situe à moins de 10% du PIB. Plus particulièrement, dans la sous-région UEMOA, en faisant abstraction des données sur la Guinée-Bissau (en raison des importants problèmes structurels que connaît ce pays, l'intégration de ses données au calcul de la moyenne plomberait le résultat et ne donnerait pas une image fidèle des performances des autres pays), la moyenne se situe autour de 16% du PIB ces dernières années.

Tableau n° 1 :
Imposition du revenu des personnes physiques au Bénin, au Togo et au Sénégal (En FCFA)

	BÉNIN	TOGO	SÉNÉGAL
Revenu net taxable	A partir de 300 000	A partir de 375 000	A partir de 630 000
Nombre de tranches (hors exonération)	4	10	5
Barème de taux	Entre 20% et 45%	Entre 4% et 45%	Entre 20% et 40%

Source : CERAF, 2016.

Tableau n° 2 :
Imposition des sociétés au Bénin, au Togo et au Sénégal

	BENIN	TOGO	SENEGAL
Taux normaux	-25% pour les industries -30% pour les autres	-30% pour les industries -33% pour les autres	- 25% - 30% pour les secteurs des télécommunications, des hydrocarbures, des mines, des banques et assurances
Taux spéciaux	Entre 35% et 45% pour les entreprises de recherche, d'exploitation hydrocarbures	Entre 5% et 15% pour les entreprises agréées à la zone franche pendant les 20 premières années	-

Source : CERAF, 2016.

Tableau n° 3 :
Taux de pression fiscale (PF) dans les États de l'UEMOA

Pays / PF	Bénin	Burkina-Faso	Côte d'Ivoire	Guinée-Bissau	Mali	Niger	Sénégal	Togo	
2014	16,9	16	15,6	-	15,9	16,7	18,9	18,7	16,95
2013	16,3	17,3	15,7	-	14,9	15,2	18,4	19,6	16,77
2012	15,5	15,8	17,6	-	14,4	14,3	19,2	16,4	16,17

Source : CERAF (à partir des données des rapports de surveillance multilatérale / UEMOA), 2016.

Des efforts sont donc faits dans les États étudiés pour collecter des ressources en quantité suffisante et satisfaire les besoins des populations. Cependant, il faut reconnaître que de nombreux efforts restent à faire. Le constat fait dans les États étudiés est que le seuil communautaire de 17% décidé par l'UEMOA a été rarement atteint ces dernières années. En 2014 par exemple, seuls le Sénégal et le Togo avaient atteint l'objectif fixé (Commission de l'UEMOA, 2015, p. 111). En 2015, le seuil communautaire est passé à 20% pour tenir compte de l'accroissement des défis auxquels font face les États. Dans les conditions actuelles, ce nouveau seuil, bien que conforme aux prescriptions de l'ONU (ATAF, 2015, p. 13), pourra difficilement être atteint par les États concernés.

Les résultats mitigés ainsi présentés conduisent à s'interroger sur les raisons de ces contre-performances dans les États étudiés. Elles semblent se situer à plusieurs niveaux.

2.1.- Assiette de l'impôt

L'étroitesse de l'assiette fiscale est l'une des caractéristiques communes à l'ensemble des États étudiés. Le prélèvement fiscal voit son champ restreint par la présence d'un secteur informel important. À cela il faut ajouter les comportements déviants des contribuables du secteur formel et une amputation de l'assiette fiscale à travers des exonérations dont on peut douter de l'efficacité réelle.

A.- La prégnance du secteur informel

Les personnes exerçant dans ce secteur sont estimées à environ 90% de la population active du Sénégal (Agence française de développement citée par CESSOU, 2015). Que ce soit en Côte d'Ivoire, au Bénin ou au Togo, les chiffres ne sont pas plus reluisants et reflètent l'incapacité desdits États à appréhender la majorité des activités économiques se déroulant sur leurs territoires.

C'est donc une part considérable des matières imposables potentiellement qui est dissimulée aux services des impôts, ce qui réduit d'autant la capacité des États à satisfaire les besoins de développement. Une étude de l'Agence française de développement et de la Banque mondiale (2010) insiste sur le fait que la nature dualiste des économies ouest-africaines, marquées par l'existence d'un vaste secteur informel non réglementé et non imposé, constitue un obstacle à la croissance durable.

Cet état de choses peut surprendre puisque, depuis de nombreuses années, les initiatives n'ont pas manqué pour parvenir à formaliser les entreprises. Les États étudiés ont d'ailleurs développé un train de mesures similaires à cet effet : création d'un numéro d'identification unique de chaque contribuable, création de centres de gestion agréés avec des obligations fiscales allégées pour les adhérents, mise en place de retenues à la source d'un acompte de l'impôt sur le bénéfice, création d'un régime fiscal particulier pour les micro et petites entreprises, etc.

Il semble que ces mesures ont montré leurs limites. Comme souligné ci-devant, la part des activités économiques qui échappe à toute appréhension de l'administration fiscale reste importante. Ces résultats sont confirmés par la perception des acteurs de la fiscalité dans les États étudiés. Qu'il s'agisse des contribuables ou des agents de l'administration fiscale, presque toutes les personnes interrogées dans le cadre de cette étude (97%) estiment qu'il existe des activités qui se situent actuellement totalement en marge de la fiscalité ou sont largement sous-fiscalisées. Les illustrations fournies sont relatives à la vente de l'essence frelatée, à l'économie numérique, aux revenus fonciers, aux activités nocives pour l'environnement, etc.

L'économie numérique mérite, à cet égard, une attention particulière. Il s'agit, en effet, d'un secteur d'activité qui connaît un développement exponentiel sur l'ensemble du continent et au-delà. Des millions de personnes ont ainsi accès à internet en Afrique de l'Ouest francophone et y effectuent des opérations commerciales. Ces opérations consistent en l'achat ou vente de biens et services essentiellement via les réseaux informatiques. Du fait des caractéristiques particulières de telles opérations (non-localisation des activités sur un territoire fiscal donné, rôle central des plateformes, importance des effets de réseau et exploitation de données personnelles), elles sont très mal maîtrisées par les administrations fiscales. Le nombre de personnes impliquées dans ces opérations, leur identité, le volume des ventes, le territoire fiscal de rattachement des opérations, etc. demeurent peu connues, ce qui fait échapper aux fiscs des montants d'impôt importants et entraîne une taxation inéquitable vis-à-vis des entreprises « classiques ».

B.- Les abus relatifs aux incitations fiscales

Suivant l'OCDE, « les incitations fiscales recouvrent l'ensemble des mesures consistant à accorder un traitement fiscal plus favorable à certaines activités ou à certains secteurs que celui appliqué aux autres pans de l'économie » (2014, p. 2). Il s'agit de mesures aussi diverses que les exonérations instituées par le CGI, la création de zones franches, la création de régimes fiscaux dérogatoires prévus dans des codes comme celui de l'investissement, celui minier, celui pétrolier, etc. Ces incitations ne sont pas malvenues en elles-mêmes. Elles poursuivent un objectif noble qui est de favoriser le développement économique et de réduire les distorsions. En cela, elles paraissent consubstantielles au concept de « fiscalité de développement ».

Dans les États étudiés, l'un des obstacles à l'efficacité de ces incitations est leur ciblage. Cela est manifeste dans le ressenti des destinataires. Ainsi, à l'exception du Sénégal, il a été quasi-impossible de trouver dans les autres États étudiés un contribuable pensant que les mesures d'incitation fiscale de son secteur d'activité étaient pertinentes. Tout au plus, ces mesures étaient estimées « peu pertinentes » par les personnes interrogées.

Mais, l'obstacle le plus important est constitué par les abus en la matière. Ceux-ci proviennent aussi bien des acteurs politiques que des contribuables et, *in fine*, réduisent lesdites incitations à de simples moyens d'érosion de l'assiette fiscale. En effet, d'une part, les acteurs politiques instrumentalisent ces incitations pour en faire des armes politiques, leur attribution devenant fonction de l'allégeance manifestée à leur égard. De multiples dérogations sont alors instituées de manière fantaisiste et, parfois, contre l'avis des cadres de l'administration fiscale. À titre illustratif, il est noté, au Bénin, une prolifération de ces dérogations avec le recours à des mécanismes se trouvant à la marge de la légalité fiscale. De nombreuses facilités sont ainsi accordées par des textes de valeur infra-législative (décret, arrêté…). D'autre part, ce sont les destinataires de ces mesures qui inventent des subterfuges pour en bénéficier le plus longtemps possible ou en étendre les effets au-delà du champ initialement visé. Cette dernière préoccupation rejoint la problématique plus vaste de l'incivisme fiscal.

C.- L'incivisme fiscal

Il recouvre des situations d'une grande diversité. On peut citer, pêle-mêle, le refus de déclarer ses activités ou le fait de donner de fausses informations à l'administration fiscale, le travestissement des exonérations accordées, le non-paiement de ses impôts ou le recours à divers artifices pour y échapper.

L'incivisme fiscal n'est pas une problématique africaine, encore moins ouest-africaine francophone. Elle n'est pas non plus une problématique récente. De tout temps, l'impôt a souvent été perçu avec une certaine défiance, à tel point que l'on a pu évoquer une « allergie fiscale » (AUBERGER, 1984) ou la nécessité de « dédramatiser l'impôt » (DUBERGÉ, 1994).

Ce qui est inquiétant dans les États étudiés, c'est la proportion prise par cet incivisme. Il est vrai qu'il est difficilement quantifiable. Mais, divers éléments permettent d'en avoir une idée. Le poids des activités informelles dans l'économie, qui, d'une manière générale, participe à environ 90% de l'emploi en Afrique de l'Ouest (BENJAMIN et MBAYE, 2012, p. 2), avait déjà été cité. Au Bénin, ce sont 2% de la population fiscale, soit 800 entreprises, qui fournissent près de 70% du total des recettes fiscales (MEFPD / Bénin, 2015, p. 13), ce qui pose un problème quant à la contribution de 98% de cette population fiscale. En Côte d'Ivoire, « l'administration fiscale est confrontée à une fraude fiscale évaluée à des centaines de milliards de francs CFA » (UDOFAO, 2012, p. 7). Au Sénégal, les parlementaires, personnalités publiques et donc autorités morales, ne reversent pas à l'État la totalité des impôts dus (MBAYE, 2016), malgré le traitement favorable institué par la législation fiscale à leur égard. C'est d'ailleurs une caractéristique commune des États étudiés d'alléger un peu trop le fardeau fiscal pesant sur les membres des institutions de la République.

Au même titre que les autres États africains, ceux étudiés sont concernés par les phénomènes de flux financiers illicites et de fraude fiscale des multinationales (CEA, 2015, pp. 39-53 et OSIWA, 2015, p. 25). La Côte d'Ivoire et le Togo font même partie des pays africains les plus vulnérables à ce phénomène. Suivant le rapport de la CEA, « de 1970 à 2008, l'Afrique a perdu entre 854 milliards de dollars des États-Unis et 1,8 trillions de dollars en flux financiers illicites ». Le rapport OSIWA, quant à lui, ajoute que « bien que les estimations divergent grandement et soient fortement contestées, les observateurs économiques s'accordent généralement sur le fait que les flux financiers illicites en provenance de l'Afrique dépassent probablement, en volume, les flux d'aide et d'investissement ».

La recherche des causes d'un incivisme fiscal aussi développé conduit à penser qu'il n'est pas systématiquement la résultante d'une mauvaise foi des contribuables. Certaines définitions de l'impôt données par les personnes interrogées lors de l'enquête de terrain (contribution des individus à la *prise en charge des dépenses publiques* / Contribution dont *doit* s'acquitter le citoyen *au prorata* de ses revenus / contribution d'un citoyen pour *le développement de son pays*…) montrent qu'elles ont quand même une certaine conscience de l'utilité de l'impôt. Cette intuition est confirmée par les réponses fournies à la question de savoir si le paiement de l'impôt se justifie : toutes le trouvent justifié.

Mais, ces résultats méritent d'être relativisés. Les personnes interrogées sont toutes lettrées. Il n'est pas sûr que la même « conscience » de l'impôt existe chez les personnes analphabètes. Or, ce sont elles qui constituent en majorité le secteur informel.

Deux autres éléments méritent de retenir l'attention. La plupart des contribuables interrogés au Bénin, en Côte d'Ivoire et au Togo (77%) estiment que leurs relations avec l'administration fiscale s'inscrivent dans le cadre d'un rapport de forces. Une proportion non négligeable (65%) ajoute que l'objectif visé par l'administration fiscale est exclusivement la mobilisation de ressources au profit de l'État, le développement économique étant une préoccupation négligée. Dans un tel contexte, il est logique que chacun utilise les moyens à sa disposition pour « vaincre » l'autre. L'incivisme fiscal pourrait donc être l'une des incidences de cette conception belliqueuse des relations avec le fisc. De même, l'incivisme pourrait être en lien avec des facteurs comme la bonne gouvernance, la justice fiscale, l'accès universel aux services sociaux de base, etc. En effet, des contribuables ont affirmé qu'il leur serait plus admissible de contribuer davantage si ces conditions étaient remplies.

2.2.- LES MOYENS DE L'ADMINISTRATION FISCALE

Il semble superflu d'insister sur la faiblesse des moyens dont disposent les administrations fiscales ouest-africaines ; tant le consensus sur cette question est remarquable. L'Union des ordres fiscaux de l'Afrique de l'Ouest (UDOFAO, 2012, p. 7) fait, à juste titre, remarquer que « les réformes fiscales entreprises n'aboutissent pas toujours en raison notamment (...) d'une faible capacité des administrations fiscales à gérer l'impôt ». La source de cette faible capacité peut être située à plusieurs niveaux. Pour des raisons de concision, ceux évidents (le manque de ressources humaines, de locaux appropriés...) seront écartés afin de se concentrer sur les plus préoccupants (l'inadéquation par endroits de la législation fiscale, le déficit d'informatisation, la quasi-absence d'évaluation).

A.- L'inadéquation de la législation fiscale

L'un des principaux reproches faits à la législation des pays africains francophones est d'être une réplique de celle française. En matière fiscale, le reproche vaut également et est illustré par certaines dispositions des codes généraux des impôts. En matière d'appréciation du train de vie d'un contribuable par exemple, certains éléments cités (par exemple, art. 122 du CGI béninois) semblent en déphasage avec le contexte des États étudiés : la possession de yachts ou bateaux de plaisance, d'avions de tourisme, de chevaux pur-sang, etc.

À côté de ces dispositions qui détonnent dans leur contexte d'application, d'autres sont plus adaptées, mais, parce qu'elles sont mal définies, elles ne sont que partiellement appliquées ou font l'objet de multiples dérogations. C'est le cas des dispositions liées à la segmentation de la population fiscale. Leur objectif est de faciliter la gestion des contribuables en reliant, à travers des critères précis (souvent le chiffre d'affaires ou la nature de l'activité), certains contribuables à un service précis de l'administration fiscale. En pratique, l'association ainsi établie n'est pas toujours respectée. Il existe de nombreuses exceptions qui brouillent au final la ligne de démarcation initiale et entraînent une certaine confusion.

La législation fiscale est également défaillante de par son incomplétude. En effet, le code général des impôts prévoit souvent l'intervention du pouvoir réglementaire pour apporter certaines précisions. Or, il est remarqué que l'exécutif ne prend pas toujours à temps les textes d'application nécessaires. Cela a pour conséquence de rendre la disposition concernée inapplicable ou de la faire appliquer de manière subjective par l'administration fiscale. Un exemple est fourni par l'article 1145 du CGI béninois qui prescrit l'adoption d'un décret pour préciser les conditions de l'empêchement d'un contribuable débiteur de quitter le territoire. Un autre exemple figure au sein de la loi portant création de l'OTR (art. 5) qui dispose que les conditions de publication des recettes fiscales et douanières sont fixées par un décret. À ce jour, les textes d'application prévus par ces articles n'ont pas été adoptés.

B.- Le déficit d'informatisation

Les résultats issus de l'enquête de terrain sont édifiants. Nulle part, la part du numérique dans le fonctionnement quotidien de l'administration fiscale n'a été entièrement satisfaisante. Il y a des inégalités cependant. Cette part est plus importante en Côte d'Ivoire et au Sénégal qu'au Bénin et au Togo.

Mais, tous ces pays connaissent des difficultés non négligeables de ce point de vue. Des indicateurs importants comme l'existence effective de procédures de télé-déclarations ou de paiement par virement ne sont toujours pas optimisés : soit de telles procédures n'existent pas, soit elles ont commencé à être expérimentées et donnent lieu à diverses difficultés. Or, un système fiscal moderne ne peut ignorer ces procédures qui apportent une valeur ajoutée considérable à son efficacité. Elles permettent notamment d'alléger les ressources (humaines, temporelles, matérielles et financières) consacrées à la gestion des procédures tant au niveau de l'administration fiscale qu'au niveau des contribuables, d'accélérer le déroulement des procédures et de les sécuriser, de réduire les tentatives de corruption qui sont facilitées par le contact entre les acteurs et la complexité des procédures.

Il convient néanmoins de noter une prise de conscience des autorités politiques des États concernés sur ce point. Diverses actions sont actuellement mises en œuvre afin d'augmenter la part du numérique dans le fonctionnement des administrations fiscales. Au Bénin, il y a le Projet d'appui à l'accroissement des recettes intérieures du Bénin (PAARIB). D'une durée prévisionnelle de huit années (2015-2023) et principalement financé par le Canada, le PAARIB est un projet qui vise, entre autres, l'informatisation complète de la Direction générale des impôts. En Côte d'ivoire, la Direction générale des impôts dispose d'une Direction de l'informatique qui est de plus en plus soutenue. Cela a permis des avancées comme la mise en réseau de la plupart des services, la mise en ligne d'un CGI actualisé, la mise en place d'un système de suivi électronique des remboursements de crédits de TVA, etc.

C.- La quasi-absence d'évaluation

L'évaluation se distingue du contrôle. À la différence de ce dernier qui insiste sur la vérification du respect des règles et procédures, l'évaluation s'attache à l'appréciation des effets des actions réalisées, à leur efficacité et aux moyens de les optimiser.

Le constat dans les États étudiés est que cette technique fait l'objet d'une très faible utilisation en général, et plus particulièrement en matière fiscale. Ainsi, que ce soit au Bénin, en Côte d'Ivoire, au Sénégal ou au Togo, les nouvelles mesures fiscales ne font presque jamais l'objet d'une évaluation en bonne et due forme avant leur adoption. Au mieux, il est opéré quelques simulations et ce n'est que lorsque ces simulations produisent des résultats quantitatifs défavorables à l'État (perte de recettes) que l'on pense à un examen approfondi. Cette manière de procéder ne permet pas de cerner l'impact des nouvelles mesures fiscales dans leur globalité, surtout les répercussions sur l'activité économique et sur le comportement des contribuables.

L'absence d'évaluation peut être également signalée au niveau du fonctionnement de l'administration fiscale. Des audits sont rarement organisés pour évaluer l'ensemble de la mécanique. Les rares audits qui interviennent sont espacés de plusieurs années et sont généralement organisés pour satisfaire des exigences de financement posées par les partenaires techniques et financiers. Un tel état des choses ne permet pas d'identifier rapidement les insuffisances dans le fonctionnement de l'administration fiscale et d'y remédier. Il est à espérer que le développement récent du recours aux documents de politique fiscale (plan de développement stratégique au Sénégal, plan d'orientation stratégique de l'administration fiscale au Bénin…) permette de changer la donne.

2.3.- Le contrôle fiscal

Il existe de nombreuses différences entre les États étudiés sur ce point. Mais, au-delà de ces différences, il est possible de dégager des difficultés communes.

A.- L'insuffisance des moyens affectés au contrôle fiscal

Pendant le déroulement de l'enquête de terrain, à la question de savoir si les moyens affectés au contrôle étaient suffisants, on pouvait logiquement s'attendre à une réponse négative des agents de l'administration fiscale interrogés. C'est une tendance naturelle de fustiger l'insuffisance des moyens accordés pour accomplir une tâche et d'en demander l'augmentation. Les réponses négatives fournies sur ce point par la totalité des enquêtés étaient donc initialement sujettes à caution.

Mais, les illustrations fournies emportent la conviction quant à la pertinence de ces réponses. Le faible nombre de véhicules disponibles, par exemple, contraint les membres de l'administration fiscale en charge du contrôle à utiliser leurs propres moyens de déplacement. De même, lors des contrôles dans les grandes entreprises, et compte tenu des importants moyens technologiques dont elles disposent, les contrôleurs sont parfois déstabilisés et n'arrivent pas à détecter les manœuvres frauduleuses. Au Sénégal, sur environ 1300 dossiers gérés par le Centre des grandes entreprises, à peine une cinquantaine est étudiée chaque année, ce qui traduit un faible taux de couverture en matière de contrôle fiscal.

Ce faible taux est aussi remarquable dans les autres pays. L'une de ses conséquences est que le contrôle fiscal vise presque toujours les mêmes entreprises, créant de ce fait un sentiment de harcèlement de la part de l'administration fiscale. À l'inverse, d'autres entreprises exercent leurs activités sans être jamais inquiétées par l'administration. Pour preuve, plus de la moitié des contribuables interrogés dans le cadre de cette étude ont affirmé n'avoir subi aucun contrôle fiscal ces trois dernières années.

B.- L'hégémonie des agents en charge du contrôle

Les textes fiscaux des pays ouest-africains francophones encadrent la réalisation des contrôles par l'administration. Des garanties sont notamment prévues au profit des personnes contrôlées. Il s'agit de : la notification d'une charte du contribuable vérifié en même temps que celle de l'avis de vérification, le droit pour le contribuable de se faire assister, le caractère contradictoire de la procédure de contrôle, le droit pour le contribuable de formuler des recours (administratifs et juridictionnels) en cas de désaccord avec l'administration, etc.

Si ces mesures permettent d'éviter certains abus, elles ne sont pas efficaces contre tous les comportements inappropriés des agents des services des impôts. En effet, bien souvent, il existe une certaine marge de manœuvre discrétionnaire à leur profit. Celle-ci est parfois utilisée de manière abusive, les membres de l'administration fiscale procédant à une interprétation partiale des textes. Ceci a été déploré par plusieurs contribuables interrogés. À titre d'exemples, il a été dénoncé, en ce qui concerne le Bénin, l'application de pénalités non prévues par les textes en cas de déclaration complémentaire et la fixation par l'administration des taux de marge de manière arbitraire, fixation à laquelle s'ajoute le rejet de toutes les justifications fournies par les contribuables sans base légale pertinente.

C.- La faible interconnexion au sein de l'administration publique et au-delà

Le système fiscal, dans les États étudiés, est de type déclaratif. Cela suppose qu'il doit exister des moyens de vérifier l'exactitude des déclarations fournies par les contribuables. Il faut pouvoir vérifier auprès d'autres administrations, publiques et privées, que ces déclarations ont été faites en toute bonne foi et n'ont pas été manipulées afin de réduire les montants dus au fisc.

Or, les administrations fiscales des États étudiés sont peu connectées aux autres. De ce fait, elles n'arrivent pas toujours à procéder aux recoupements utiles pour détecter les tentatives de fraude. Des contribuables indélicats bénéficient donc de services publics et effectuent des transactions importantes au niveau du secteur bancaire sans pour autant que l'information ne parvienne au fisc.

Deux autres illustrations peuvent être fournies. Les retenues à la source de certains impôts opérées par les administrations publiques pour le compte du fisc ne sont pas toujours reversées à temps à ce dernier. De même, lors de la création des entreprises, il leur est attribué un numéro d'identification unique. Ce numéro devrait permettre de suivre l'entreprise tout au long de son existence et d'identifier toutes les transactions dans lesquelles elle est impliquée. Mais, dans certains cas, ce numéro, délivré à la création de l'entreprise par un autre service de l'administration publique (en général, l'institut national de statistiques), n'est pas automatiquement transmis à l'administration fiscale qui reste dans son ignorance. C'est ce qui ressort de certains des entretiens réalisés au Bénin.

En ce qui concerne les raisons qui sont à l'origine de cette faible interconnexion, elles semblent diverses. D'abord, certains préalables ne sont pas satisfaits. C'est le cas de la faible informatisation des services fiscaux mentionnée *supra*. C'est également le cas de la faible bancarisation (moins de 20% en Afrique subsaharienne selon la Banque mondiale citée par CESSOU, 2015) qui fait que tous les flux financiers n'apparaissent pas au niveau des banques et institutions financières. Ensuite, il y a la défense de son périmètre d'action par chaque acteur qui rend difficile l'interconnexion souhaitée. Les banques, par exemple, doivent beaucoup à la confiance des déposants. Elles sont donc parfois réticentes, malgré le droit de communication existant au profit de l'administration fiscale, à fournir des informations relatives à leur clientèle. Même au sein de l'administration publique, ce réflexe « corporatiste » existe. Pour preuve, certains cadres des services des Impôts n'ont pas manqué de regretter le fait que la collaboration avec les services douaniers connaisse quelques ratés et soit parfois teintée d'hypocrisie.

2.4.- Les relations entre l'administration fiscale et les contribuables

Les relations entre l'administration fiscale et les contribuables dans les États étudiés ne sont pas apaisées. Pour rappel, 77% des contribuables interrogés (hors Togo) ont estimé qu'il s'agit d'un rapport de forces. Le sentiment des contribuables à l'égard de l'administration fiscale n'est donc pas des meilleurs. Cette situation tient à plusieurs facteurs.

A.- L'indisponibilité des textes fiscaux

Nul n'est censé ignorer la loi. Mais, encore faudrait-il que la loi soit accessible à tous. En ce qui concerne les textes fiscaux, on peut difficilement affirmer qu'ils le sont. L'exemple des codes généraux des impôts, qui sont l'instrument de base en matière de fiscalité, permet d'étayer le propos. Dans certains États étudiés (Bénin et Côte d'Ivoire), des versions actualisées de ces codes ont été récemment mis en ligne par les administrations fiscales. Mais, il s'agit de versions non téléchargeables, ce qui ne peut faciliter leur consultation dans des pays où la grande majorité de la population n'a pas accès à internet en continu.

En règle générale dans les pays étudiés, les administrations fiscales ne mettent pas à la disposition du public (contre paiement) des codes des impôts actualisés en version papier. Cette tâche, qui peut être considérée comme régalienne, est délaissée par la Direction générale des impôts, laissant le champ libre à la commercialisation du code par des particuliers. La conséquence de cet état de fait et de la faiblesse de l'accès à internet dans la sous-région est que le code général des impôts n'est généralement consultable qu'après achat à un prix prohibitif pour les couches sociales défavorisées (25000 F CFA au Bénin, 30000 FCFA en Côte d'Ivoire, 50000 FCFA au Sénégal. Il faut préciser qu'il s'agit d'un code commenté et accompagné d'autres textes fiscaux).

Dans le même sens, il faut souligner que l'indisponibilité relative du code actualisé nuit à l'intelligibilité de la législation fiscale. La pratique dans les États étudiés étant de modifier le code à travers des lois de finances, le contribuable disposant de moyens modestes et souhaitant s'informer, n'a d'autre choix que de recourir au code vieux de plusieurs années (souvent disponible sur internet quant à lui) auquel il adjoint les lois de finances intervenues entre-temps. Il s'agit d'une tâche fastidieuse comportant un risque d'erreur élevé.

En dehors du code, de nombreux autres textes fiscaux sont difficilement accessibles, la Côte d'Ivoire faisant également exception sur ce point. Il en est ainsi des actes réglementaires complétant la législation fiscale. Parfois, cette inaccessibilité est même organisée de mauvaise foi. Cela semble être le cas en ce qui concerne les décrets et arrêtés attribuant diverses facilités fiscales à des entreprises en dehors de celles normalement prévues par la loi.

Par ailleurs, un contribuable qui ne connaît pas les textes applicables est un contribuable plus facilement influençable. C'est un contribuable qui peut céder plus vite à la corruption. Parallèlement, un agent des impôts qui sait que le contribuable est dans l'ignorance des textes applicables est un agent qui se sait en situation de force. C'est un agent qui pourra facilement exiger des avantages indus de la part du contribuable. L'opacité de la législation fiscale est donc un facteur favorisant la corruption. Or, celle-ci a été reconnue comme une pathologie des administrations fiscales dans les États étudiés. De nombreux contribuables interrogés ont reconnu avoir dû accorder des avantages indus à des membres de l'administration fiscale pour bénéficier de certains services. À travers ce phénomène, ce sont des sommes considérables qui sont détournées des caisses de l'État vers d'autres destinations.

B.- La faible maîtrise de la législation fiscale par les contribuables.

Elle est l'une des conséquences de l'indisponibilité des textes fiscaux. D'autres facteurs en sont également à l'origine. On peut citer la définition solitaire des mesures fiscales par l'administration et l'insuffisante information des contribuables sur lesdites mesures.

Il est bien connu qu'une loi ne peut être efficace dans un environnement où la majorité des personnes concernées par son application estime qu'elle est inadaptée. Cela légitime l'association des contribuables à la définition des mesures fiscales. Dans les États étudiés, cette association est pourtant insuffisante. De manière pratique, soit elle n'est pas réalisée (l'administration propose seule les mesures fiscales à adopter par le parlement), soit elle est réalisée, mais de manière indirecte. Un groupe de représentants des contribuables (le patronat, un ordre professionnel ou autre) est invité à un dialogue avec l'administration fiscale.

Cette deuxième modalité semble appropriée, car on pourrait difficilement associer l'ensemble des contribuables à ce travail. Ce qui est donc regrettable, ce n'est pas que l'association des contribuables soit indirecte, c'est plutôt qu'elle n'aboutisse pas à une véritable prise en compte des positions exprimées à cette occasion. L'administration fiscale, prenant prétexte de la nécessité de mobiliser le plus de ressources possibles pour couvrir les charges de l'État, ne donne suite qu'à quelques doléances (mineures) ; la quantité est ainsi privilégiée et, malheureusement parfois, au détriment de mesures pertinentes qui auraient pu servir la cause du développement économique.

L'insuffisante information des contribuables sur les mesures fiscales, quant à elle, traduit un échec des politiques de communications des administrations fiscales ouest-africaines francophones. Sinon, comment comprendre que, malgré les nombreuses mesures mises en place (émissions radiophoniques et télévisuelles, journaux à caractère fiscal, dépliants exposant les innovations de la législation fiscale…), 89% des contribuables interrogés considèrent que l'administration ne communique pas suffisamment sur les réformes qu'elle met en place ? Il est donc impératif de définir de nouvelles stratégies en matière de communication afin de mieux porter les mesures fiscales à la connaissance du public. L'une des pistes exploitables dans ce cadre est celle des applications pour *smartphones*. L'explosion du nombre d'individus utilisant de tels services dans les États étudiés incite à penser qu'il pourrait s'agir là d'un moyen adéquat pour atteindre de nombreux contribuables. D'autres actions sont également nécessaires pour améliorer la fiscalité des États étudiés, pour en faire une véritable fiscalité de développement. C'est en cela un vaste chantier qui attend les États concernés. Il n'est donc pas superflu de leur proposer quelques pistes pour y parvenir.

CHAPITRE 2

LE NECESSAIRE RENOUVEAU

Du point de vue des perspectives, les insuffisances identifiées ci-dessus appellent deux séries de mesures. En effet, une première série de mesures doit être développée au niveau de du cadre normatif de la fiscalité. Il s'agit de l'action nécessaire au niveau conceptuel. L'autre série de mesures est relative à l'organisation et au fonctionnement de l'administration fiscale. Il s'agit de l'action au niveau opérationnel.

1.- L'ACTION AU NIVEAU CONCEPTUEL

Pour parvenir à un environnement fiscal propice aux investissements dans les États de l'Afrique de l'Ouest francophone, faut-il nécessairement remettre à plat l'ensemble de la législation fiscale ? Cette proposition, qui est parfois faite, mérite d'être examinée avec prudence. En effet, il est unanimement admis que la législation fiscale dans les États étudiés est parfois excessivement calquée sur celle française. Des exemples ont, au demeurant, été évoqués *supra*.

Toutefois, ces insuffisances pourraient être corrigées *in statu quo*, c'est-à-dire sans remettre en cause les fondements mêmes des systèmes fiscaux dans lesdits États. À titre d'illustration, l'un de ces fondements (la déclaration par le contribuable) a été soumis à l'appréciation des experts et autres acteurs du système fiscal approchés dans le cadre de l'enquête de terrain. La majorité d'entre eux a estimé que cette procédure était progressivement entrée dans les habitudes et qu'il n'était pas utile de la remettre en cause. Même le FMI (2011, p. 12) semble adhérer à ce point de vue. Pour lui, une administration des recettes efficace est une administration « capable (…) d'assurer le respect volontaire des obligations fiscales et de faire appliquer l'auto-liquidation ». Autrement dit, c'est une administration en mesure d'assurer une bonne application du système de déclaration par le contribuable.

En conséquence, une des pistes initialement envisagées pour asseoir une fiscalité de développement dans les États étudiés, à savoir la proposition d'un nouveau modèle fiscal, a été abandonnée. Les pistes qui ont été explorées sont celles qui permettront d'améliorer substantiellement le cadre conceptuel déjà existant par la correction des insuffisances relevées. En l'occurrence, les mesures proposées ont trait à l'élargissement de l'assiette fiscale et au renforcement de l'harmonisation fiscale et de la sécurité juridique.

1.1.- L'ÉLARGISSEMENT DE L'ASSIETTE FISCALE

Elle passe par l'assujettissement des activités dites informelles à la fiscalité, la réduction des abus concernant les incitations fiscales et la lutte contre les autres formes d'incivisme fiscale.

1.1.1.- La fiscalisation du secteur informel

Il convient d'insister sur l'importance de la fiscalisation du secteur informel avant d'examiner les pistes possibles à cet effet.

A.- L'importance du secteur informel pour une fiscalité de développement

Au-delà de l'augmentation des recettes fiscales qu'engendrerait une fiscalisation de ce secteur, les arguments en faveur de cette politique s'appuient également sur la promotion d'une plus grande justice sociale, en particulier le traitement fiscal égalitaire des citoyens en fonction de leurs capacités financières et le respect de la souveraineté du pouvoir politique (ALAOUI, 1989). Une plus grande participation des entreprises informelles aux recettes fiscales permettrait de diminuer le fardeau supporté par les entreprises formelles, pour lesquelles les taux nominaux de taxation sont jugés trop élevés, et par conséquent « désincitatifs ».

B.- Les pistes pour une fiscalisation de l'informel.

Dans les États étudiés, il faut reconnaître que de nombreux efforts ont été faits en ce sens à travers le recours à une imposition forfaitaire (ou synthétique), un mécanisme d'identification des contribuables, etc. Mais, cela n'a pas empêché les activités couvertes par ce secteur de prospérer dans ce même cadre et d'atteindre une part importante du PIB. Une nouvelle approche est donc nécessaire. Elle devra prendre en compte plusieurs contraintes majeures à savoir le niveau de vie des acteurs de l'informel, les coûts administratifs, la possibilité technique d'appliquer un impôt à des entreprises n'ayant aucune ou ayant une très faible culture documentaire (facturation, comptabilité), etc.

Les entreprises informelles ont une durée de vie relativement courte. Elles tiennent rarement une comptabilité et ne disposent pas souvent de documents susceptibles de faciliter l'évaluation de leurs activités. Cela crée une situation de précarité qui les empêche de pouvoir faire face aux prescriptions légales. Des actions d'alphabétisation et de formation à la gestion entrepreneuriale pourraient permettre de corriger quelque peu cet état de choses.

De même, l'identification des acteurs opérant dans ce secteur est le préalable nécessaire pour les soumettre à l'impôt. Comment, dès lors, obliger les personnes concernées à se faire connaître des services étatiques ? La généralisation de mécanismes tels que l'identifiant fiscal unique (IFU) au Bénin et le numéro d'identification nationale des entreprises et associations (NINEA) au Sénégal pourrait y contribuer. Cette généralisation devra être mise en place dans le cadre d'un système d'utilisation quotidienne de ces données. Concrètement, il faudrait, par exemple, lier la jouissance de divers services publics (délivrance d'actes d'état civil, légalisation de documents, bénéfices d'avantages sociaux, enregistrement des transactions foncières, raccordement au réseau électrique, obtention de numéros pour la téléphonie mobile…), services bancaires (ouverture de compte, octroi de crédit, obtention de carte bancaire…) et autres à la présentation de l'attestation prouvant l'identification par les services des Impôts.

Par ailleurs, des études empiriques montrent que les relations commerciales entre le secteur informel et celui formel sont substantielles. Ces relations s'effectuent principalement dans le sens où le secteur informel se situe en aval de la production formelle. Du coup, des actions auprès des entreprises formelles pourraient permettre d'appréhender les acteurs de l'informel. En d'autres termes, il s'agit de mettre en place un mécanisme permettant de recueillir auprès des entreprises formelles une liste des entreprises avec lesquelles elles sont en relation et qui ne sont pas enregistrées au niveau des services fiscaux. À titre d'exemple, il est envisageable de procéder à une sorte de contractualisation des rapports avec les opérateurs économiques formels (sous forme d'engagements à fournir des informations sur les acteurs de l'informel en échange de modération de pénalités ou d'abandon des amendes encourues). À la suite de l'identification des acteurs informels, l'administration fiscale disposera d'une base de données fiable qui lui permettra d'élargir l'assiette fiscale et de concevoir de nouveaux impôts qui tiennent compte de la réalité. Le but doit être de mettre en place un cadre pour maîtriser ledit secteur et en tirer les produits fiscaux conséquents.

Dans le même temps, ces mesures doivent être accompagnées de stratégies visant à soumettre les acteurs du gros informel à une imposition « réelle », c'est-à-dire qui correspond à leur véritable faculté contributive. Selon une étude portant sur les entreprises informelles en Afrique de l'Ouest, les recettes fiscales augmenteraient de 25% à 75% (sans tenir compte des coûts de mise en œuvre) si le secteur informel portait pleinement sa part du fardeau fiscal (BENJAMIN et MBAYE, 2010, p. 89).

En ce qui concerne particulièrement l'économie numérique, il est impératif de définir un cadre législatif fiscal qui y sera applicable. La législation fiscale classique demeure largement inadaptée en cette matière. Ledit cadre devra instituer des impôts précis pour ce secteur, mais en veillant à ce que de tels impôts ne provoquent pas l'exclusion d'une partie des utilisateurs ou ne portent atteinte aux capacités d'innovation des entreprises concernées. Parallèlement à la définition du cadre législatif adapté, l'administration fiscale doit mettre en place un groupe de travail dédié à l'économie numérique qui aura pour tâches, entre autres, d'évaluer l'ampleur des transactions ainsi que le nombre de personnes concernées. Dans la réalisation de cette tâche, il serait opportun de s'inspirer des travaux réalisés au niveau international (notamment ceux du Projet sur l'érosion de la base d'imposition et le transfert des bénéfices de l'OCDE).

1.1.2.- La réduction des abus dans la gestion des incitations fiscales

Les incitations fiscales accordées dans les États étudiés (et au-delà) peuvent apparaître comme des mesures aux vertus exagérées. Un examen des travaux sur la question (OCDE, 2014, p. 1 et OSIWA, 2015, p. 17) montre bien que l'effet de ces incitations sur les investissements est limité. Il ne faut donc pas perdre de vue que les avantages fiscaux ne sont qu'un aspect de « l'environnement » économique et politique que l'investisseur considère dans son ensemble avant de se décider. Un État qui offre un bon climat général d'investissement peut, à la limite, réduire au maximum ses incitations fiscales sans pour autant craindre une baisse des investissements ou un ralentissement de l'activité économique.

Toutefois, bien utilisées, les incitations fiscales peuvent encourager l'investissement dans des secteurs-clés et dynamiser l'activité économique. Cette bonne utilisation n'est cependant pas possible sans un assainissement de leur cadre juridique, assainissement qui commande plusieurs actions.

En premier lieu, il conviendrait de faire en sorte que les incitations fiscales soient nécessairement instituées par la voie de la législation fiscale. Cela entraînera certainement moins de souplesse dans leur gestion, mais permettra de les recentrer. Par suite, il sera plus facile de les identifier et d'évaluer leur efficacité. De même, cette mesure aura pour conséquence de réduire le pouvoir discrétionnaire du gouvernement dans l'attribution desdites facilités. Il est vrai qu'on peut craindre un transfert de ce pouvoir d'un niveau politique (gouvernement) vers un autre niveau politique (parlement), avec le risque de la répétition des mêmes dérives. L'effet du nombre permettra d'atténuer ce risque. La réunion d'intérêts et de tendances divers, parfois contradictoires, au sein du parlement rendra moins facile les abus dans l'attribution des incitations fiscales.

En second lieu, un glissement du centre de décision du niveau politique vers le niveau technique serait particulièrement bienvenu. En effet, dans les États étudiés, diverses commissions techniques sont instituées pour se prononcer sur les exonérations et autres facilités fiscales accordées. Mais, en pratique, leur pouvoir est relatif et elles sont contournées dans bien des cas. Il serait opportun de renforcer leur pouvoir dans la prise de décision. Leur avis conforme devra, dans certains cas, être exigé avant la réalisation de la dépense fiscale. Dans tous les cas, cet avis devra être délivré à la suite de travaux incluant les acteurs concernés et ayant permis de définir des critères objectifs donnant droit au bénéfice des facilités envisagées. Ce faisant, les incitations fiscales acquerront une plus grande légitimité, car ayant un socle technique et consensuel. Elles ne seront plus perçues comme iniques et non pertinentes par les acteurs des secteurs visés.

En troisième lieu, et partant du constat que les dispositions organisant les incitations fiscales à l'investissement semblent être orientées exclusivement vers les investisseurs étrangers, il paraît approprié de les réajuster. Elles doivent comporter une dimension intégrant le soutien aux petites et moyennes entreprises (PME) nationales afin de les rendre compétitives au plan international. Concrètement, des mesures ciblées, spécifiques aux PME (notamment les *start-up*s locales), doivent être mises en place. Elles pourront, à terme, impacter durablement la croissance et l'emploi local.

Encadré N° 2 :

Les dix principes de l'OCDE en matière d'incitation fiscale

1. Publier une liste de toutes les incitations fiscales à l'investissement mentionnant leurs objectifs à l'intérieur du cadre en régissant le fonctionnement.
2. Faire en sorte que les incitations fiscales à l'investissement ne soient instituées que par la voie de la législation fiscale.
3. Faire en sorte, si possible, que toutes les incitations fiscales à l'investissement soient du ressort d'un organe administratif unique.
4. Veiller à ce que les incitations fiscales à l'investissement soient approuvées par le législateur ou par le parlement.
5. Administrer les incitations fiscales à l'investissement de manière transparente.
6. Calculer le montant du manque à gagner que représentent les incitations fiscales à l'investissement et publier un rapport sur les dépenses fiscales.
7. Procéder périodiquement à des examens des incitations fiscales en vigueur destinés à évaluer dans quelle mesure elles remplissent les objectifs annoncés.
8. Repérer, si possible, dans un rapport régulier sur les dépenses fiscales les principaux bénéficiaires des incitations fiscales à l'investissement, ventilés par dispositifs fiscaux spécifiques.
9. Collecter les données de manière systématique afin d'alimenter le rapport sur les incitations fiscales à l'investissement et de suivre les effets globaux et l'efficacité de chaque mesure d'incitation
10. Intensifier la coopération régionale afin de prévenir la concurrence fiscale dommageable.

Source : OCDE, *Principes pour améliorer la transparence et la gouvernance des incitations fiscales à l'investissement dans les pays en développement.*

1.1.3.- La lutte contre les autres formes d'incivisme fiscal

En dehors de ceux précédemment examinés, trois autres maux méritent de retenir l'attention. Il s'agit de la fuite des capitaux, de la falsification des prix de transferts et du non-reversement des retenues d'impôt opérées à la source.

A.- Limiter les effets de la fuite des capitaux.

La fuite des capitaux désigne l'expatriation délibérée de fonds par des sociétés ou des particuliers imposables dans le pays d'origine de ces capitaux. Les pays en développement perdent plus d'argent en raison de la fuite des capitaux qu'ils n'en gagnent en aide publique au développement. Le phénomène constitue donc un véritable défi pour eux. Pour l'atténuer, il importe de renforcer les dispositions pénales liées au rôle des institutions fiscales dans la détection et la sanction des pratiques illicites. Dans le même temps, il apparaît nécessaire de procéder à l'harmonisation de la taxation des revenus, profits, dépenses… dans la sous-région (cf. *infra*). Par exemple, en matière de TVA, le CGI béninois et celui ivoirien taxent différemment toutes les affaires réalisées sur le territoire national par des personnes physiques ou morales. Le Bénin a adopté un taux unique de 18% en matière de TVA (art 232, CGI). Toutefois, par dérogation, un taux de 0% est applicable aux opérations d'exportation pour rendre compétitifs les produits béninois à l'étranger (art 225, CGI). La Côte d'Ivoire dispose de 2 taux de TVA : le taux standard qui est de 18% et le taux réduit de 9%. Une harmonisation des dispositions des textes fiscaux serait donc d'un atout considérable.

B.- Venir à bout des prix de transferts

Les prix de transfert peuvent être définis comme étant des prix construits artificiellement en dehors du marché[14] : ils sont librement déterminés par les entreprises liées. Compte tenu de l'impact de ces prix sur le résultat imposable à l'impôt sur les sociétés, les administrations fiscales ouest africaines - à l'instar de leurs homologues occidentales - sont contraintes de procéder à un contrôle de ces prix pour éviter des transferts indirects de bénéfices.

Au regard de la complexité des prix de transfert et des enjeux financiers sous-jacents, le contrôle de ces prix requiert un cadre juridique particulier et des compétences techniques spécifiques.

a.- Le cadre juridique

Il est fort probable que dans la plupart des pays objet de la présente étude, il n'existe pas de cadre juridique spécifique pour les prix de transfert : c'est notamment le cas du Bénin où les articles 37 et 21-f du CGI font partiellement référence au transfert indirect de bénéfice mais dans un contexte étranger aux prix de transfert.

Au Sénégal qui semble faire figure d'exception, c'est l'article 17 du CGI [15] reprenant vraisemblablement les dispositions de l'article 57 du CGI français[16], qui définit le cadre juridique de la répression des transferts indirects de bénéfice dans le domaine des prix de transfert.

---

[14] M. SNOUSSI, *Les stratégies juridiques des sociétés transnationales : l'exemple des prix de transfert*, RIDE, 2003, n°3-4 p. 445.

[15] Article 17 de la loi 92-40 du 9 juillet 1992 modifiée, portant Code général des impôts.

[16] Article 76 de la loi du 31 mai 1933 portant fixation du budget général de l'exercice 1933.

Le principe de pleine concurrence, socle de la détermination des prix de transfert, assure une égalité de traitement des entreprises liées et des entreprises non liées. Pourtant, ce principe est difficilement applicable dans le contexte ouest-africain où les mécanismes comparables qui en assurent l'application efficiente sont souvent inexistants. La méthode du prix comparable[17] consistant à identifier directement un prix de référence sur le marché est l'une des méthodes traditionnelles de détermination des prix de transfert et l'une des plus usées : application directe du principe de libre concurrence, « on y compare le prix d'un bien ou d'un service transféré dans le cadre d'une transaction intragroupe au prix d'une transaction similaire dans des conditions de pleine concurrence »[18].

Malheureusement, les méthodes forfaitaires de détermination de prix de transfert qui semblent simples en apparence et peuvent constituer une alternative à la méthode du prix comparable, sont plutôt complexes à mettre en œuvre au plan administratif : « la méthode de la répartition globale selon une formule préétablie qui consiste à répartir les bénéfices globaux d'un groupe multinational sur une base consolidée entre les entreprises associées localisées dans différents pays au moyen d'une formule prédéterminée et automatique »[19] est pour l'heure inadaptée au contexte ouest-africain. Elle nécessite un degré d'assistance administrative et de coopération fiscale régionale difficilement réalisable ; la mise en œuvre de cette méthode peut d'ailleurs porter atteinte au libre jeu de concurrence.

---

17 *Comparable uncontrolled price method* en anglais.

18 P. RASSAT, et G. MONSELLATO, *Les prix de transfert*, Maxima, 1998, p. 39.

19 P.-J. DOUVIER, *International Transfert Pricing Journal,* mai-juin 2001, p. 93.

Le meilleur moyen de contrôler les prix de transfert qui sont une question transfrontalière est d'adopter une stratégie au niveau communautaire notamment de l'UEMOA : il s'agira donc d'édicter un règlement communautaire à l'instar du règlement relatif à l'assistance administrative dont l'objet pourra être « le contrôle des prix de transfert des multinationales entre administrations fiscales de l'UEMOA ». Ce cadre juridique communautaire pourrait proposer des méthodes de détermination des prix de transfert qui ne sont pas celles préconisées par l'OCDE car elles semblent inadaptées au contexte ouest-africain mais plutôt des méthodes conçues par la communauté des États de l'Afrique de l'ouest et pour ces États.

b.- Le cadre technique

Partant du constat fait au Bénin selon lequel, les quelques rares redressements - au demeurant dépourvus de base légale - portant sur les transferts indirects de bénéfices n'aboutissent pas faute de cadre juridique, de moyens et de compétences techniques, le contrôle des prix de transfert n'a aucun impact sur les recettes budgétaires pour le moment. Cet exemple pourrait être étendu à d'autres pays objet de la présente étude.

Les prix de transfert exigent la constitution d'une documentation spécifique et plus ou moins lourde ; compte tenu de la grande quantité de données à manipuler dans le cadre du contrôle des prix de transfert, seul un traitement informatique des données pourrait être concluant. Or on constate une très faible informatisation des services fiscaux des pays étudiés : cela rend donc inaptes, pour le moment, ces administrations fiscales à contrôler les prix de transfert.

Par nature, les vérifications de prix de transfert peuvent être très complexes et approfondies. Elles font souvent appel à un éventail spécifique de compétences (financière, économique, et commerciales) exigeant une spécialisation particulière. Mais le constat est qu'en matière de ressources humaines et organisationnelles, il y a une absence de spécialisation des services de contrôle et une inexistence de cadres spécialistes des prix de transfert.

Telle que préconisée dans le cadre juridique, la réponse à l'abus de la détermination des prix de transfert doit être régionale au plan technique : des contrôles fiscaux conjoints et simultanés seraient efficaces. En effet, l'éclatement des systèmes fiscaux nationaux ouest-africains ne permet pas aux États de contrôler de façon efficace les prix de transfert pratiqués au sein des groupes de sociétés implantés sur leur territoire et qui bénéficient des conseils de cabinets tels que les « big four »[20] rompus aux méthodes d'optimisation fiscale.

En définitive, il s'agira de procéder à une informatisation complète des services ; de créer des brigades de contrôle spécialisées en prix de transfert tout en formant en amont les cadres de ces brigades ; de procéder à des vérifications conjointes et simultanées entre administrations fiscales, vérifications qui, seules, permettront d'appréhender les transferts indirects de bénéfice sans entraîner des situations de double imposition et sans instaurer un climat d'insécurité juridique du contribuable.

C.- Assurer le reversement effectif des retenues d'impôt à la source.

Dans les États étudiés, le système des retenues à la source est commun aussi bien à l'imposition des personnes physiques qu'à celles des sociétés. Au fil des réformes, le périmètre de ces retenues s'est élargi, d'où la nécessité d'un meilleur encadrement pour pallier les dérives rapportées au niveau de l'état des lieux.

---

20 *KPMG, PWC, Ernst &Young, Deloitte.*

La voie de la sensibilisation semble la plus appropriée, car les redevables dont les défaillances sont les plus importantes sont, le plus souvent, des structures publiques et peuvent difficilement être poursuivies ou soumises à la contrainte par l'administration fiscale. Parallèlement, un comité pourrait être mis en place dans chaque État pour recenser les structures au niveau desquelles les défaillances (reversement tardif des impôts retenus, non-reversement de l'entièreté du montant dû…) graves sont notées et assurer le suivi du respect de leurs obligations par elles.

1.2.- Le renforcement de l'harmonisation fiscale et de la sécurité juridique

Il s'agit de deux pans importants des actions à mener pour parvenir à une fiscalité de développement.

A.- Renforcer l'harmonisation fiscale.

L'article 4 du traité de l'UEMOA prescrit aux États membres d'harmoniser leurs législations fiscales. Quant à l'article 65, il précise les objectifs de cette harmonisation. Dans la droite ligne des textes précédents, le Conseil des ministres de l'UEMOA a, par décision n° 01/98/CM/UEMOA du 3 juillet 1998, arrêté le programme d'harmonisation des fiscalités indirectes intérieures des pays membres. Ce programme a commencé à prendre corps avec les directives n° 02/98/CM/UEMOA du 22 décembre 1998 portant harmonisation des législations des États membres en matière de taxe sur la valeur ajoutée et n° 03/98/CM/UEMOA du 22 décembre 1998 portant harmonisation des législations des États membres en matière de droits d'accises (directives actualisées en 2009).

En réalité, l'existence de dispositions fiscales divergentes d'un pays à l'autre peut entraver les flux commerciaux, les flux de ressources au sein de la sous-région et être à l'origine d'une concurrence fiscale dommageable entre les États. Les divergences dans les bases d'imposition et les structures des taux rendent la fiscalité complexe et opaque. Par conséquent, une harmonisation des systèmes fiscaux s'impose pour contribuer à réduire les incertitudes et les risques qui pèsent sur les transactions économiques intra-régionales. Les initiatives communautaires (directives et règlements en matière de fiscalités directe et indirecte), sur ce plan, doivent donc être soutenues et appliquées par les autorités nationales. La même attention doit être portée au programme de transition fiscale de l'UEMOA.

B.- Renforcer la sécurité juridique.

L'absence d'une véritable politique fiscale, élaborée en synergie avec les différents acteurs fiscaux et visant à maintenir la cohérence dans la conception et la modification des codes des impôts, semble expliquer les diverses insuffisances. La sécurité juridique implique non seulement une relative intangibilité des textes fiscaux, mais également la connaissance desdits textes par les usagers. Il importe donc de veiller à la disponibilité des codes généraux des impôts.

Le développement de l'utilisation de l'internet, ces dernières années, pourrait constituer une opportunité. En effet, compte tenu des difficultés observées par endroits (au Bénin par exemple) dans la publication en version « papier » des textes fiscaux par l'administration, celle-ci pourrait recourir à une publication en version numérique. Évidemment, pour que cette publication soit pertinente, il faut que le texte soit actualisé, téléchargeable et, éventuellement, accompagné des principaux textes réglementaires qui le prolongent.

Dans le même sens, au regard des taux élevés d'analphabétisme dans la sous-région ouest-africaine francophone, il serait opportun de penser à une traduction des textes fiscaux en langues locales ou, tout au moins, à des opérations de communication en langues locales portant sur lesdits textes. Les campagnes d'information et de sensibilisation doivent être fréquentes et se dérouler sur toute l'étendue du territoire national. De telles opérations permettront une meilleure appropriation des textes fiscaux. Elles permettront d'instaurer une « culture de l'impôt » par la connaissance et le respect effectif des obligations fiscales. Leur efficacité sera davantage renforcée si les textes fiscaux sont eux-mêmes simples et en phase avec les réalités nationales.

Pour ce faire, il est utile de s'assurer que la structure des textes fiscaux réponde aux impératifs en la matière. GUZMAN (2011, p. 36) a identifié, dans ce cadre, des critères généraux pour la structuration des codes des impôts. Le recours à ces critères par les États étudiés peut améliorer la lisibilité de leurs textes fiscaux. Quant à leur adaptation, il s'agit ici d'une question qui ne peut être réglée qu'au niveau endogène. L'idéal serait que chaque État mette en place un comité de réflexion (composé d'experts en fiscalité et autres) qui aurait pour tâche d'identifier les dispositions « inadaptées » dans les textes fiscaux nationaux, puis de proposer des solutions en vue de les mettre au diapason des réalités nationales.

2.- L'ACTION AU NIVEAU OPÉRATIONNEL

Une fiscalité véritablement orientée vers le développement exige que certaines conditions soient réunies au niveau de l'organisation et du fonctionnement de l'administration fiscale. Au nombre de celles-ci, il y a la promotion d'une administration fiscale plus équitable, l'amélioration de la coopération avec l'administration fiscale et le renforcement de ses capacités.

2.1.- LA PROMOTION D'UNE ADMINISTRATION FISCALE PLUS ÉQUITABLE

Une administration fiscale équitable permettra de renforcer le contrat social entre les citoyens et le fisc, et ainsi de générer des recettes plus importantes et plus stables. Pour parvenir à une telle situation en Afrique de l'Ouest francophone, il est utile d'instaurer plus d'équité dans le traitement des contribuables par l'administration fiscale. Les administrations publiques africaines sont souvent décrites comme le lieu de diverses pesanteurs socio-politiques. Les liens familiaux, religieux ou politiques avec des personnes y travaillant faciliteraient grandement les rapports avec elles et détermineraient le traitement bienveillant ou non des affaires soumises. Les administrations fiscales des pays couverts par l'étude n'échappent pas à cette présentation peu flatteuse.

Une inversion de tendance s'impose. Elle sera certainement facilitée par la capacité de la législation fiscale elle-même à « saisir » équitablement les citoyens et les actifs dont ils disposent. Autrement dit, la répartition de la charge fiscale en fonction de la structure de l'économie, des besoins sociaux de la nation et de la véritable capacité contributive des personnes est un préalable.

Dans le même sens, des formations pourraient être organisées à l'endroit des acteurs de l'administration fiscale afin de les rendre plus sensibles à la question du traitement équitable des usagers. Il s'agit, en réalité, d'une problématique qui ne se limite pas à l'administration fiscale. Toute l'administration publique en est affectée et devrait, en conséquence, mettre en place de telles formations.

Par ailleurs, une administration fiscale équitable ne saurait opérer une discrimination géographique entre les contribuables. La répartition optimale des services fiscaux sur l'ensemble du territoire national doit être une priorité. De plus, la dépendance à l'égard de la fiscalité intérieure, dépendance qui va s'accroître au terme de la transition fiscale, nécessite que l'État soit capable d'installer des services fiscaux dans les coins les plus éloignés de son territoire. C'est pour cela que le développement d'une bonne capacité administrative fiscale est un impératif. Elle permettra de marquer la présence de l'État et mieux contrôler et appréhender les activités économiques des contribuables. Toutefois, il ne faudrait guère occulter les coûts liés à cette déconcentration de l'administration fiscale. Ces coûts peuvent se révéler excessifs et viendraient alors inutilement grever la charge fiscale qui pèse déjà sur les contribuables. En cela, la dématérialisation des opérations fiscales est à encourager, car facilitant l'accès des contribuables aux services fiscaux, indépendamment de leur situation géographique.

2.2.- L'AMÉLIORATION DE LA COOPÉRATION AVEC L'ADMINISTRATION FISCALE

L'une des principales insuffisances identifiées au niveau des systèmes fiscaux des États étudiés est l'absence ou la faiblesse de la coopération entre le fisc et les autres administrations (publiques ou privées, fiscales ou non). Un tel état de choses ne permet pas d'opérer des recoupements pertinents et d'identifier rapidement les manœuvres de dissimulation d'opérations taxables ou de réduction de la base d'imposition. Il est donc nécessaire d'améliorer la coopération entre l'administration fiscale et les autres intervenants de la chaîne fiscale, tant au niveau interne qu'à celui international.

A.- La double question institutionnelle et organisationnelle.

La question institutionnelle est une question relative à la création des offices de recettes. L'office des recettes (OR) est « une expression utilisée pour désigner un régime de gestion d'une organisation en charge de la perception des recettes qui lui procure plus d'autonomie que celle accordée à une direction d'un ministère »[21]. L'autonomie ou, plus exactement, la semi-autonomie, semble être la caractéristique principale des OR. Toutes les définitions insistent sur cet aspect. En effet, les OR sont détachés de la structure des ministères en charge des finances. Cette extériorité leur permet de jouir d'une certaine autonomie[22].

---

21 M. KIDD et W. CRANDALL, *Revenue authorities : issues and problems in evaluating their success*, FMI, 2006, p. 12. C'est nous qui avons traduit.

22 Cette autonomie varie en fonction des pays. Ainsi, l'OR est plus autonome au Kenya qu'au Canada, où il l'est davantage qu'aux États-Unis. W. CRANDALL et M. KIDD, *Revenue*

Elle les protège des interférences politiques directes et se traduit par un réel professionnalisme en matière de recrutement, de discipline et de licenciement du personnel, en matière de répression de la fraude fiscale, etc. Ces dernières années, il y a un engouement pour les OR qui s'affirme. En Afrique par exemple, les OR sont passés de huit à la fin des années 1990 à quinze en 2005, puis à vingt-un actuellement[23].

En termes d'impact sur le rendement de l'impôt, au Togo par exemple, lors de la création de l'OTR, le gouvernement tablait sur « une mobilisation complémentaire de l'ordre de 300 à 400 milliards par rapport aux performances actuelles »[24]. Les résultats obtenus se sont révélés à la hauteur des espérances[25]. De même, au Burundi, « en 2011, (…) les recettes fiscales perçues par l'OBR étaient supérieures de près de 60% à celles de 2009, ce qui représente une augmentation d'un tiers en termes réels. L'objectif initial, qui était de réaliser une augmentation de 1% de la contribution des recettes fiscales au PIB avant 2016, était déjà atteint. »[26].

Quant à la question organisationnelle, elle concerne la spécialisation des fiscalistes selon les grands défis que

---

administration : a toolkit for implementing a revenue authority, FMI, 2010, p. 9.

23 Liste complète en annexe.

24 V. « Fiscalité : la grande révolution », Journal *Republic of Togo*, 7 septembre 2012, en ligne http://www.republicoftogo.com/Toutes-les-rubriques/Finances/Fiscalite-la-grande-revolution, consulté le 12 juillet 2016.

25 V. http://www.otr.tg/index.php/fr/536-apercu-general-sur-les-performances-de-l-office-togolais-des-recettes.html, consulté le 11 septembre 2016 où il est fait les deux constats suivants : « les performances de l'OTR toujours au-delà des objectifs assignés » et « les recouvrements de l'OTR en constante augmentation d'année en année ».

26 E. PAICE, « Avant-propos », précité, p. 4. V. aussi BAD et FAD, *Burundi : Document de stratégie – pays 2012-2016*, 2011, pp. 3-4.

l'administration fiscale doit relever. Il s'agit, en clair, de créer au sein des administrations fiscales nationales, des pôles de métier : pôle e-commerce, pôle prix de transfert, pôle gsm, pôle minier, etc. Ces différents pôles spécialisés ont ou auront une compétence transversale sur les questions examinées par les structures administratives actuelles subdivisées en direction des grandes entreprises, directions des petites entreprises, direction des moyennes entreprises, etc.

B.- L'amélioration de la coopération avec l'administration fiscale au niveau interne

Le renforcement de la collaboration entre l'administration fiscale et les autres administrations est un gage d'obtention d'une pluralité de renseignements sur la situation fiscale des contribuables. Il deviendra dès lors plus facile d'appréhender les matières imposables qui leur sont liées et d'espérer un paiement du juste impôt.

Au-delà des services de la Douane (voir ci-dessus), c'est avec l'ensemble des services publics et bancaires que l'administration fiscale doit entretenir un contact permanent. Il conviendrait, à cet effet, de renforcer le droit de communication dont disposent les agents des impôts, mais dans les limites que permet la jouissance de leurs droits (protection de la vie privée, liberté d'entreprendre…) par les contribuables.

La réussite de toutes ces actions est liée à l'existence de réseaux informatiques interconnectant l'administration fiscale et celles pouvant lui procurer des renseignements utiles pour son action. Cela peut être réalisé plus ou moins facilement en ce qui concerne les entités du secteur public. Il faut, dans ce cadre, privilégier le recours par l'administration publique à un intégrateur d'applications au lieu d'applications partielles qui ne permettent pas toujours d'avoir une vue globale des opérations exécutées.

En ce qui concerne les structures et personnes privées (banques, institutions de microfinance, professionnels indépendants...), l'approche doit être plus subtile. Il faut provoquer leur consentement à travers la sensibilisation et l'attribution d'avantages fiscaux en fonction du degré d'ouverture à l'administration fiscale.

C.- L'amélioration de la coopération fiscale internationale.

Il est de plus en plus difficile, voire impossible, pour les systèmes fiscaux nationaux de fonctionner efficacement en vase clos. Non seulement, une telle façon de faire les prive d'informations essentielles, mais elle ne les met pas en mesure d'apporter une réponse adéquate à des différends fiscaux d'ordre international (répartition de compétences entre États par exemple), lesquels pourraient être résolus par le recours à des accords internationaux existants ou à établir.

Sur ce plan, il faut reconnaître que de nombreux efforts sont faits par l'UEMOA. Elle a, en ce sens, produit plusieurs directives et règlements qui concernent tant la fiscalité directe que celle indirecte. Le règlement n° 08/2008/CM/UEMOA portant adoption des règles visant à éviter la double imposition au sein de l'UEMOA et des règles d'assistance en matière fiscale constitue une illustration de la coordination fiscale qui a cours dans la sous-région. Cette coopération doit non seulement être évaluée (afin de tirer les enseignements de son application), mais également être prolongée par l'adoption d'autres textes la renforçant.

En effet, la capacité de mobilisation des ressources financières nationales de plusieurs pays en développement est actuellement affectée par l'évasion et la fraude fiscales internationales, notamment en raison du transfert d'actifs et de bénéfices vers des juridictions fiscales attractives et/ou non coopératives ou par le biais de celles-ci. Pour y remédier, les États doivent travailler en synergie relativement à l'application des règles internationales de transparence dans le domaine financier et fiscal et aux principes de coopération en matière de gouvernance fiscale (échange de données, concurrence fiscale loyale, etc.). La mise en place de cette synergie est d'ailleurs une question préoccupante à l'échelle mondiale. On en veut pour preuve les recommandations des institutions internationales économiques (OCDE, Banque mondiale, FMI, Banque africaine de développement...) à cette fin. De même, le développement de creusets d'échanges, de renforcement des capacités des cadres des administrations fiscales et de partage d'expériences (exemples de l'African tax administration forum et du Centre de rencontres et d'études des dirigeants des administrations fiscales) constitue un indice du caractère préoccupant de cette question.

2.3.- Le renforcement des capacités de l'administration fiscale

L'action devra porter aussi bien sur les ressources humaines que sur les autres types de ressources.

2.3.1- Les ressources humaines.

Il est bien connu que les administrations fiscales ouest-africaines francophones bénéficient de moyens humains insuffisants. Un renforcement quantitatif de ces moyens apparaît donc évident. Au surplus, il importe de développer une série d'autres mesures.

A.- La promotion de la compétence

Il s'agit de définir des profils pour chaque poste-clé de l'administration fiscale et de s'assurer que les critères correspondants sont respectés lors des nominations à ces postes. Cela peut se faire à travers la mise en place d'appels à candidatures pour les postes concernés. Dans les États étudiés, une telle action nécessite une sensibilisation préalable, surtout lorsque la concurrence pour la nomination aux postes est ouverte à des personnes qui n'exercent pas de fonction au sein de l'administration fiscale. Sans cette sensibilisation et sans l'adhésion des acteurs, il est possible que le processus devienne une occasion de confrontation entre les agents de l'administration fiscale et les autorités politiques.

Cette exigence initiale de compétence doit être étendue à toute la carrière de l'agent du fisc. Des cahiers de charges (comportant des objectifs à atteindre, les délais pour les atteindre et les moyens mis à disposition) doivent être élaborés. Dès lors, les promotions en cours de carrière doivent tenir compte du respect par l'agent de son cahier de charges. Cette manière de faire pourrait réduire l'application maladroite des textes faite par certains agents, parfois de bonne foi et dont le souci est de renflouer à tout prix les caisses de l'État.

B.- La promotion de la formation continue

Il s'agit de donner aux agents du fisc la possibilité d'acquérir des connaissances de manière continue, d'adapter leurs connaissances à l'actualité en la matière. Les séances de recyclage et de formation en cours de carrière, avec l'appui de cadres expérimentés, les échanges d'expériences entre administrations de différents pays… constituent des pistes pouvant être exploitées dans ce cadre. Il faut également que les États puissent octroyer, suivant une procédure relativement souple, des bourses de formation aux agents du fisc qui en font la demande et dont la pertinence est avérée.

Toujours dans le cadre de la formation continue, les administrations fiscales des États étudiés doivent penser à faire approprier par leurs agents les outils technologiques les plus récents utilisés par les entreprises. Il ne faudrait plus que l'agent des impôts se trouve déstabilisé lorsqu'au cours d'un contrôle, il est face à de tels outils. La mise en place d'une cellule d'analyse composée de spécialistes des secteurs innovants, actuellement peu maîtrisés par les agents des impôts (tels que les transferts de fonds par réseau de téléphonie mobile, les assurances, l'ingénierie financière, le e-commerce, etc.), pourrait être une solution. Elle serait susceptible de permettre l'actualisation des techniques d'élargissement de l'assiette fiscale.

C.- La lutte contre la corruption

En matière d'impôts, l'administration tracassière est souvent incomprise. Le contribuable doit fournir un nombre élevé de documents, suivre le dossier par de nombreux déplacements, attendre le temps que dure la procédure, etc. Des agents indélicats du fisc tirent parfois profit de ces dysfonctionnements ou malentendus pour solliciter des pots-de-vin de la part des contribuables. La lutte contre la corruption exige des États étudiés de mettre en place des institutions fiscales transparentes et responsables qui sont capables d'apporter des solutions rapides et efficaces.

De même, il faut penser à assurer un traitement salarial décent à l'agent des impôts pour le soustraire à la tentation de céder aux pratiques corruptives. Les mesures prises dans ce cadre doivent viser à récompenser les agents dont les performances sont bonnes et punir ceux qui ont des comportements inappropriés ou, sans justification valable, des résultats médiocres. L'expérience récente du Togo peut en ce sens constituer une source d'inspiration. En effet, la création de l'OTR a été l'occasion de renforcer le statut des agents des impôts. Mais, en contrepartie, il a été institué diverses obligations dont celle pour les agents de déclarer leurs biens, ceux de leurs conjoint(e)s et enfants mineurs. Ladite déclaration fait l'objet d'une actualisation annuelle et est déposée à la direction anti-corruption de l'office. Un tel mécanisme, s'il est bien appliqué, peut se révéler grandement dissuasif.

2.3.2.- Les autres ressources

Il convient d'insister sur les ressources matérielles telles que les véhicules, locaux, imprimantes, documents essentiels de travail, mais surtout sur l'informatisation complète de l'administration fiscale. En effet, l'informatisation est indispensable pour assurer la connexion de cette administration à d'autres. Or, il a été montré ci-devant que cette interconnexion était indispensable pour l'élargissement de l'assiette fiscale et, en conséquence, pour l'avènement d'une fiscalité de développement.

Au-delà de cet aspect, l'informatisation de l'administration fiscale facilitera également le traitement des dossiers et induira une plus grande célérité dans la prise en charge des contribuables. Elle constitue le préalable pour une dématérialisation effective des procédures. La dématérialisation étant synonyme de simplification, elle sera bénéfique aussi bien au fisc qu'aux contribuables.

Par ailleurs, l'informatisation réelle de l'administration fiscale est généralement accompagnée de la mise en place ou de l'amélioration des sites *web* dédiés. Il est à noter que ceux des administrations fiscales des États étudiés, dont l'existence est un considérable atout, pourraient être rendus plus dynamiques et interactifs. Diverses actions sont possibles. Les interfaces pourraient être aménagées de sorte à permettre de recueillir les préoccupations des contribuables et d'y apporter des réponses, même si ces dernières ne sont pas revêtues de force juridique. Les aménagements pourraient aussi concerner la possibilité pour les contribuables de recevoir de la documentation fiscale (notes de service, arrêtés, lois de finances promulguées, etc.) par ce biais. Évidemment, tout ceci nécessite une affectation conséquente de ressources humaines à ces tâches.

CONCLUSION

L'exploration des systèmes fiscaux des pays ouest-africains francophones a révélé, sur certains points, leur inadaptation aux structures existantes ainsi qu'aux cultures économique et sociale auxquelles ils s'appliquent. Un auteur béninois (LASSISSI, 2013, p. 119) observe, à cet égard, que la kyrielle de réformes (aussi bien organisationnelles que fonctionnelles) effectuées jusqu'ici n'a pas permis atteindre le pari d'« impôt rentable ».

Pourtant, la fiscalité est un outil essentiel de l'action publique. Le pouvoir fiscal est le principal déterminant de l'action financière de l'État puisque c'est lui qui permet d'aspirer l'argent public Or, cet argent public est, selon les termes du Code de transparence de l'UEMOA dans la gestion des finances publiques, « au cœur de l'État de droit et de la démocratie ». Dans le même sens, et à la suite de l'assertion de Montesquieu suivant laquelle « on peut lever des tributs plus forts, à proportion de la liberté des sujets ; et l'on est forcé de les modérer, à mesure que la servitude augmente », des chercheurs (BARILARI et BRAND, 2009) ont démontré qu'il y a une certaine corrélation entre la vitalité démocratique et le niveau d'imposition. Ainsi, la faiblesse relative du niveau d'imposition dans les États africains francophones serait la manifestation d'un déficit démocratique, le signe d'une faible adhésion des populations à la construction de leurs États.

Il importe donc d'inverser la tendance. Cette étude comporte diverses recommandations à cet effet. Leur mise en œuvre sera conditionnée par la volonté d'action du pouvoir politique, lui qui détient les leviers de la réforme fiscale. On en revient à la sempiternelle problématique de l'importance du facteur politique dans toute réforme. Il est à espérer que cette volonté ne fasse pas défaut. L'heure n'est plus à la stagnation et les diverses mutations (création d'autorité fiscale, libéralisation des échanges, harmonisation fiscale…) au niveau de l'environnement de la fiscalité dans les États étudiés apparaissent comme le rappel de cette exigence.

TABLEAU DE SYNTHESE DU DIAGNOSTIC ET DES ACTIONS/RECOMMANDATIONS

Numéro d'ordre	Éléments de diagnostic	Stratégie	Actions	Entités responsables
1	Prégnance du secteur informel	Développement d'approches innovantes pour élargir l'assiette fiscale	i. Consolider les acquis dans la lutte contre l'informel (mécanisme d'identification des contribuables, imposition forfaitaire, sensibilisation des acteurs de l'informel, etc.). ii. Lier diverses prestations des services publics à la détention d'un numéro d'identification fiscale. iii. Contractualiser les rapports avec les entreprises « formelles » en vue d'établir une liste d'entreprises « informelles ». iv. Intensifier le contrôle fiscal, notamment en ce qui concerne les acteurs du « gros informel ». v. Mettre en place un groupe de travail dédié à l'économie numérique et y adapter la législation fiscale.	Directions générales des impôts Administration publique

2	Abus relatifs aux incitations fiscales	Assainissement du cadre juridique des incitations fiscales	i. Évaluer la pertinence des incitations existantes (celles non pertinentes devant être supprimées). ii. Réécrire les textes applicables en vue de contraindre le gouvernement à faire passer (prioritairement) les projets d'exonération par le parlement et à suivre, dans la majeure partie des cas, l'avis des commissions techniques instituées à cet effet. iii. Prévoir des incitations spécifiques pour les PME de la sous-région. iv. Sanctionner les auteurs d'abus concernant les facilités à eux accordées.	Directions générales des impôts Parlements Gouvernements

3	Incivisme fiscal (y compris les flux financiers illicites et les prix de transfert)	Coopération internationale, sensibilisation et formation des acteurs	i. Harmoniser les textes fiscaux dans la sous-région (dynamiser les politiques mises en place au niveau de l'UEMOA). ii. Adapter les stratégies de contrôle fiscal avec les méthodes internationales de transfert de bénéfices. iii. Pression collective des États de la sous-région sur les multinationales afin qu'elles améliorent leurs pratiques. iv. Renforcer la collaboration entre les États dans le cadre de l'OCDE et des autres cercles internationaux et régionaux de lutte contre l'incivisme fiscal. v. Sensibiliser les responsables des structures chargées des retenues d'impôt à la source afin que le reversement soit rapide et total.	Ministères des finances Directions générales des impôts UEMOA Parlements

4	Inadéquation et inaccessibilité de la législation fiscale	Amélioration de la transparence et de la légistique fiscales	i. Mettre en place un comité d'experts en vue de la relecture et de la contextualisation des textes fiscaux. ii. Publier régulièrement, sur internet, des versions actualisées et téléchargeables des codes des impôts. iii. Mettre en place un système informatisé d'archivage de l'ensemble des textes fiscaux (y compris ceux infra-législatifs). iv. Définir un plan de vulgarisation de l'ensemble des textes fiscaux et l'appliquer. v. Traduction des textes fiscaux en langues locales (à défaut, communiquer sur eux dans lesdites langues. S'aider au besoin des organisations de la société civile).	Gouvernements Directions générales des impôts Organisations de la société civile

5	Déficit d’informatisation de l’administration fiscale et faible interconnexion avec les autres administrations	Informatisation complète de l’administration fiscale et sa mise en réseau	i. Rendre plus dynamiques et interactifs les sites web des administrations fiscales. ii. Poursuivre et achever les réformes engagées dans le cadre de l’informatisation complète des administrations fiscales. iii. Dématérialiser certaines prestations iv. Intensifier la coopération avec l’administration douanière. v. Intensifier la coopération avec les autres structures publiques et privées (développer des intégrateurs d’applications ou des plates-formes d’échanges de renseignements)	Ministère des finances Directions générales des impôts Structures publiques et privées partenaires des administrations fiscales

6	Insuffisances liées aux agents de l'administration fiscale	Construire un agent des impôts d'un type nouveau	i. Définir des profils-types et des cahiers des charges pour les postes ii. Assurer la formation continue des cadres (bourses de formation, séminaires régionaux, etc.). iii. Organiser des séminaires sur la question du traitement équitable des contribuables. iv. Mettre en place une véritable politique de lutte contre la corruption (alléger les procédures, rendre substantielle la rémunération des agents des impôts, sanctionner les agents corrompus, etc.).	Directions générales des impôts

7	Défaillances dans le contrôle fiscal	Dynamisation du contrôle fiscal	i. Doter les administrations des moyens matériels nécessaires à cette mission. ii. Définir et mettre en œuvre un plan de recrutement adéquat. iii. Informer les contribuables sur leurs droits lors des contrôles fiscaux. iv. Mettre en place, au sein des administrations fiscales, des cellules d'analyse composée de spécialistes des secteurs innovants. v. Améliorer la coopération, informatiser et assurer la formation continue (actions déjà envisagées ci-dessus)	Directions générales des impôts Ministères de la fonction publique Partenaires internationaux (UEMOA et pays membres notamment) Organisations de la société civile
8	Gouvernance institutionnelle et organisationnelle	Performance interne et externe de l'administration fiscale	i. Un « OR » ? ii. Création de pôles spécialisés dans les domaines des prix de transfert, du secteur gsm, du e-commerce, de la fiscalité minière, etc.	Ministère des finances Directions générales des impôts

9	Prix de transfert : Cadre juridique inexistant ou inapproprié	Au plan communautaire ou régional	Édicter un règlement sur les prix de transfert	Commission de l'UEMOA en relation avec les administrations fiscales
10	Prix de transfert : Cadre technique inadapté	Au plan national et régional	Investir dans la spécialisation des cadres et dans une réorganisation des services en renforçant les équipements	Administrations fiscales

BIBLIOGRAPHIE

OUVRAGES

1. AUBERGER Ph., *L'allergie fiscale*, Paris, Calman-Levy, 1994.

2. BENJAMIN N. et MBAYE A., *Les entreprises informelles de l'Afrique de l'Ouest*, Paris, Pearson France, 2012.

3. DUBERGÉ J., *Dédramatiser l'impôt*, Marseille, PUAM, 1994.

4. GUILLAUMONT P. et alii, *Stratégies de développement comparées*, Paris, Economica, 1988.

5. GUZMAN N., *Les codes des impôts en droit comparé : contribution à une théorie de la codification fiscale*, Paris, L'harmattan, 2011.

6. SAUVY A., *Bureaux et Bureaucratie*, Paris, PUF, 1967.

ARTICLES

7. BARILARI A. et BRAND T., « Le paradoxe de Montesquieu : de la corrélation entre l'importance des prélèvements obligatoires, le développement économique et social et le niveau de démocratie », *Revue française de finances publiques*, n° 108, octobre 2009.

8. CESSOU S., « Le poids du secteur informel », *Journal Le Monde diplomatique, n° 143, octobre – novembre 2015.*

9. GEST G., « Les contraintes d'origine communautaire en matière de fiscalité directe », *RFFP*, n°60, 1997, pp. 109-124.

10. LASSISSI S., « L'impôt entre assiette et recouvrement : Pour quel rendement ? », *in* N. MEDE (*dir*), *La réforme de l'État du Bénin : état de la réforme*, Cotonou, CPU, 2013.

11. LOUIS G., « De l'opacité à la transparence : les limites de l'indice de perception de la Corruption de Transparency international », *Déviance et Société*, vol. 31, n° 1, 2007, pp. 41-64.

RAPPORTS

12. African Tax Administration forum (ATAF), *La fiscalité en tant que catalyseur de la croissance économique exclusive*, Pretoria, 2015.

13. Africa Progress Panel, *Énergie, population et planète : saisir les opportunités énergétiques et climatiques de l'Afrique*, Rapport 2015 sur les progrès en Afrique, Genève.

14. Agence française de développement et Banque mondiale, *Les entreprises informelles de l'Afrique de l'Ouest*, 2010.

15. Assemblée générale des Nations Unies du 27 juin 2015, *Résolution 69/13 : programme d'action d'Addis-Abeba issu de la troisième conférence sur le développement durable*.

16. Banque de France, *Rapport annuel de la Zone franc*, 2013.

17. Banque mondiale, *Le moniteur des finances publiques (résumé analytique)*, avril 2016.

18. Commission économique pour l'Afrique (Nations Unies), *Financements novateurs et transformation économique en Afrique*, mars 2015.

19. Commission de l'UEMOA, *Rapport semestriel d'exécution de la surveillance multilatérale*, décembre 2014.

20. FMI, *Mobilisation des recettes dans les pays en développement,* 2011.

21. OCDE, *Principes pour améliorer la transparence et la gouvernance des incitations fiscales à l'investissement*, 2014, 7 p.

22. OCDE, *Rapport du Groupe de travail du G20 pour le développement sur l'impact du projet BEPS dans les pays à faible revenus*, 2014, partie 1.

23. OSIWA, *Mobilisation des ressources domestiques en Afrique de l'Ouest : opportunités manquées*, février 2015.

24. PNUD, *Human development report,* 2015.

25. SONKO B., *Analyse synoptique comparative entre trois systèmes fiscaux de la zone UEMOA / CEDEAO et celui béninois*, avril 2008.

LOIS ET TEXTES RÉGLEMENTAIRES

26. Directives et règlements pertinents de l'UEMOA.

27. Codes généraux des impôts du Bénin, de la Côte d'Ivoire, du Sénégal et du Togo.

28. Lois de finances pertinentes du Bénin, de la Côte d'Ivoire, du Sénégal et du Togo.

WEBOGRAPHIE

29. <http://daccessdds.un.org/doc/UNDOC/GEN/N08/2 07/31/PDF/N0820731.pdf?Open Élément, §60 ; ECOSOC, Code de conduite volontaire de l'ONU sur la coopération pour lutter contre l'évasion et la fraude fiscales internationales (avant-projet), 26 octobre 2007, E/C.18/2007/CRP.17,<www.un.org/esa/ffd/tax/thirdsession /EC18_2007_CRP17.pdf> (avril 2008).

30. Buliř et A. J. Hamman, Volatility of Development Aid: From the Frying Pan into the Fire?, document de travail du FMI WP/06/65, revision de juin 2006, <www.imf.org/external/pubs/ft/wp/2006/wp0665.pdf> (avril 2008).

31. C. AID, A rich seam: Who benefits from rising commodity prices?, janvier 2007, <http: //212.2.6.41/ indepth /0701 mining/ Mining %20 Report %20 complete. pdf> (avril 2008).

32. C. AID, A rich seam: Who benefits from rising commodity prices?, janvier 2007, <http://212.2.6.41/ indepth/0701 mining/Mining% 20Report% 20complete. pdf> (avril 2008).

33. C. AID, Death and Taxes: the true toll of tax dodging, mai 2008, <www.christianaid.org.uk /images/ deathandtaxes.pdf> (septembre 2008).

34. Commission européenne, concurrence fiscale dommageable, <http:// ec.europa.eu/ taxation customs /taxation /company tax/harmful tax-practices> (avril 2008).

35. Communique de presse du Réseau pour la justice fiscale, Country by Country Reporting will make global markets more transparent, 30 juin 2008,<http://taxjustice. blogspot.com /2008/06/ press-release-country-bycountry. html> (septembre 2008).

36. Eurodad, « The European Parliament urges the EU to address odious debts and capital flight in Doha », site Web d'Eurodad, 26 septembre 2008, www.eurodad.org /debt/article. aspx?id=2190&item=2930 (octobre 2008).

37. *La Plate-forme Paradis fiscaux et judiciaires : http://www.argentsale.org.*

38. Nations Unies, *Déclaration de Doha sur le financement du développement*, A/CONF.212/L.1/Rev.1, 9 décembre 2008,<www.un.org/ Docs/journal/asp/ ws.asp?m = A/CONF. 212/L.1/Rev.1>(Jan 2009).

39. OCDE, *Mise à jour 2006 sur les progrès des pays membres : le projet de l'OCDE sur les pratiques fiscales dommageables*, <www.oecd.org/ dataoecd/ 1/17/37446434. pdf> (septembre 2008). Document d'information w&&^{2} de SOMO.

40. Rapport des Nations Unies sur la Conférence internationale sur le financement du développement, Monterrey, Mexique, du 18 au 22 mars 2002, A/CONF.198/11, <http:// www.unctad.org /en/docs/ aconf198d11_ en.pdf> (avril 2008).

LISTE DES TABLEAUX

TABLE DES MATIÈRES

Le Sénégal
aux éditions L'Harmattan

Dernières parutions

L'ESTHÉTIQUE SOCIALE DES PULAAR
Socioanalyse d'un groupe ethnolinguistique
Sy Harouna
L'esthétique sociale pulaar est une mise en ordre éthique de la vie sociale. Elle est l'inventaire systématique de ce qu'il y a de beau et de laid dans le social relativement à ses valeurs, à ses normes, à ses règles et à ses codes qui commandent des postures, des relations, des rapports et des qualités appropriés. L'analyse des contradictions de la société pulaar du Fuuta Tooro a révélé des logiques et des stratégies fondées sur des rapports de castes et sur les représentations sociales que ces rapports produisent.
(31.00 euros, 304 p.)
ISBN : 978-2-343-11189-6, ISBN EBOOK : 978-2-14-002810-6

LE BAYNUNK GUNAAMOLO, UNE LANGUE DU SUD DU SÉNÉGAL
Analyse phonologique, morphologique et syntaxique
Diop Sokhna Bao - Préface de Denis Creissels
Le Sénégal est un pays multilingue avec des langues majoritaires et des langues minoritaires, de par le nombre de leurs locuteurs, mais également de par la quantité de travaux dont chacune dispose. Les langues majoritaires ont fait l'objet de nombreuses recherches, à la différences des langues minoritaires. Ce constat est à l'origine du choix porté sur la description de la variante gunaamolo du baynunk (parlé au sud du Sénégal, plus précisément à Niamone, dans la région de Ziguinchor) qui est une langue en danger très peu décrite. L'utilité et l'intérêt de ce travail résident dans la sauvegarde et la connaissance de cette langue et sa communauté. Elle peut servir aussi de référence à des recherches futures.
(Coll. Études africaines, 38.50 euros, 392 p.)
ISBN : 978-2-343-09614-8, ISBN EBOOK : 978-2-14-002913-4

DE L'HÉRITAGE ARABO-ISLAMIQUE SAINT-LOUISIEN
Une illustration par les œuvres d'Abbas Sall et d'Abdoulaye Fall Magatte
Fall Cheikh Tidiane - Préface de Samba Dieng et Postface de Mouhamed Habib Kébé
Cet ouvrage porte sur la réhabilitation du legs culturel arabo-islamique ouest-africain en général et saint-louisien en particulier. Revaloriser un pan du patrimoine culturel par l'entremise de l'imagination poétique locale de deux intellectuels demeure l'objectif principal de cette étude. Une partie descriptive

constituée de la traduction d'une cinquantaine de poèmes suivie d'un volet analytique constitue la méthodologie de ce travail de recherche. La moisson tirée de ce travail préliminaire apporte quelques éclairages sur l'intérêt de la traduction de manuscrits arabes, notamment ceux produits par d'éminents ulémas du Sénégal, tels les deux poètes faisant l'objet de cette étude.
(Harmattan Sénégal, 35.00 euros, 340 p.)
ISBN : 978-2-343-11306-7, ISBN EBOOK : 978-2-14-003014-7

L'AGRICULTURE DU SÉNÉGAL SOUS LA COLONISATION
Diop Ismaïla
L'introduction de l'arachide au Sénégal au début du XXe siècle révolutionne le paysage agricole. La France décide alors de faire du Sénégal une colonie arachidière. Le Sénégal devient la troisième puissance arachidière du monde après les États-Unis et l'Inde. Cette monoculture extensive aboutit à un déficit vivrier chronique, une dégradation des sols, une dépendance vis-à-vis des importations de riz en provenance d'Asie. Pour y remédier, le rapport de la mission Roland Portères de 1952 recommande des mesures d'aménagement du territoire, de restauration des sols, de promotion de l'agriculture intégrée sérère.
(Harmattan Sénégal, 23.50 euros, 218 p.)
ISBN : 978-2-343-11129-2, ISBN EBOOK : 978-978-2-14-002836-6

CASAMANCE
À quand la paix ?
Bassène René Capain – Préface du père Nazaire Diatta
Malgré leur volonté et leur engagement affichés d'aller vers la fin du conflit armé en Casamance, la position des parties en guerre n'a jamais réellement évolué. L'État du Sénégal se dit prêt à négocier sur tous les points, sauf sur ceux relatifs à l'intégrité territoriale et l'unité nationale, alors que, de son côté, le MFDC soutient une position contraire en déclarant être disposé à ne négocier que sur la question se rapportant à l'indépendance totale de la Casamance. Cette situation montre que le conflit armé est encore loin de finir en Casamance.
(28.50 euros, 276 p.)
ISBN : 978-2-343-10426-3, ISBN EBOOK : 978-2-14-002593-8

PARCOURS D'UN JOURNALISTE AUTODIDACTE
Ndiaye Pape Ngagne
Préface de Mamoudou Ibra Kane
Pape Ngagne Ndiaye, par son style, est devenu un rendez-vous incontournable de l'espace audiovisuel sénégalais. L'émission «Faram Faccce» qu'il anime présentement sur TFM est très courue des hommes et femmes politiques pressés de se soumettre au feu roulant et nourri des questions du redoutable interviewer, unique dans son genre. Ce livre n'est pas seulement une autobiographie, mais aussi une réflexion thématique et une sélection rigoureuse de certains numéros de la célèbre émission qui se veut «un décryptage des questions majeures de l'actualité nationale».
(37.00 euros, 360 p.)
ISBN : 978-2-343-09916-3, ISBN EBOOK : 978-978-2-14-002822-9

DES FRANCENABE AUX MODOU-MODOU
L'émigration sénégalaise contemporaine
Fall Papa Demba - Préface du Professeur Abdoulaye Bara Diop
Principalement centré sur la France et ses anciennes colonies d'Afrique, le champ migratoire sénégalais s'est, de manière originale, progressivement étendu à des destinations naguère méconnues ou peu fréquentées (comme les États-Unis, l'Italie, l'Espagne, l'Afrique du Sud ou le Brésil). Peu à peu, les migrants sont devenus des acteurs incontournables du développement. La prise en compte de ces populations, et de leurs mouvements, devient donc nécessaire aux programmes et politiques de développement durable.
(Harmattan Sénégal, 40.00 euros, 559 p., Illustré en noir et blanc)
ISBN : 978-2-343-10796-7, ISBN EBOOK : 978-2-14-002539-6

«DOYEN» AMADY ALY DIENG, LE TRANSMETTEUR INTÉGRAL (1932-2015)
Économie biographique ou sémio-Histoire
Ngaïdé Abdarahmane
Amady Ali Dieng nous a quittés il y a un an. Pour lui rendre hommage et s'en rappeler les enseignements, l'auteur de cet ouvrage a décidé de compiler ses nombreux écrits ou interventions. Les quatorze textes qui composent cette anthologie sont représentatifs et significatifs de la personnalité, du style et des préoccupations d'Amady Ali Dieng. On y retrouve son style, son humour et son esprit critique.
(Harmattan Sénégal, 23.50 euros, 228 p., Illustré en noir et blanc)
ISBN : 978-2-343-10855-1, ISBN EBOOK : 978-2-14-002561-7

41 RULES TO BE HAPPY
Kane Babaly
Seeing that happiness is the goal towards which all men strive for, the author wrote this book to help the reader in treasuring the joyous of life and realizing his desires in entirety, to be fulfilled, to claw his way to the top and to assure him it will turn out well in the end. Moreover, this book intends to give the keys us to get the secret for reaching we want in this life. 41 rules to be happy is a little self help book which has 41 rules that are meant to allow every reader to live life in full potential.
(Harmattan Sénégal, 14.50 euros, 138 p.)
ISBN : 978-2-343-10904-6, ISBN EBOOK : 978-2-14-002583-9

SÉNÉGAL
Les limites du Plan Sénégal Émergent
Mansour Samb El Hadji
Cet ouvrage présente une analyse profonde des politiques publiques en décortiquant le Plan Sénégal Émergent (PSE) qui jusque-là n'a fait l'objet d'aucune analyse critique sérieuse. Le Sénégal est face à un défi, le défi de son émergence, un défi qu'il compte relever avec tous ses fils. Ce défi qui mobilise aujourd'hui tout le monde doit nous pousser à proposer de nouveaux chemins et à animer un débat nécessaire et incontournable dans tout processus d'émergence.
(Harmattan Sénégal, 27.00 euros, 276 p.)
ISBN : 978-2-343-09721-3, ISBN EBOOK : 978-2-14-002372-9

Structures éditoriales du groupe L'Harmattan

L'Harmattan Italie
Via degli Artisti, 15
10124 Torino
harmattan.italia@gmail.com

L'Harmattan Hongrie
Kossuth l. u. 14-16.
1053 Budapest
harmattan@harmattan.hu

L'Harmattan Sénégal
10 VDN en face Mermoz
BP 45034 Dakar-Fann
senharmattan@gmail.com

L'Harmattan Cameroun
TSINGA/FECAFOOT
BP 11486 Yaoundé
inkoukam@gmail.com

L'Harmattan Burkina Faso
Achille Somé – tengnule@hotmail.fr

L'Harmattan Guinée
Almamya, rue KA 028 OKB Agency
BP 3470 Conakry
harmattanguinee@yahoo.fr

L'Harmattan RDC
185, avenue Nyangwe
Commune de Lingwala – Kinshasa
matangilamusadila@yahoo.fr

L'Harmattan Congo
67, boulevard Denis-Sassou-N'Guesso
BP 2874 Brazzaville
harmattan.congo@yahoo.fr

L'Harmattan Mali
Sirakoro-Meguetana V31
Bamako
syllaka@yahoo.fr

L'Harmattan Togo
Djidjole – Lomé
Maison Amela
face EPP BATOME
ddamela@aol.com

L'Harmattan Côte d'Ivoire
Résidence Karl – Cité des Arts
Abidjan-Cocody
03 BP 1588 Abidjan
espace_harmattan.ci@hotmail.fr

L'Harmattan Algérie
22, rue Moulay-Mohamed
31000 Oran
info2@harmattan-algerie.com

L'Harmattan Maroc
5, rue Ferrane-Kouicha, Talaâ-Elkbira
Chrableyine, Fès-Médine
30000 Fès
harmattan.maroc@gmail.com

Nos librairies en France

Librairie internationale
16, rue des Écoles – 75005 Paris
librairie.internationale@harmattan.fr
01 40 46 79 11
www.librairieharmattan.com

Lib. sciences humaines & histoire
21, rue des Écoles – 75005 paris
librairie.sh@harmattan.fr
01 46 34 13 71
www.librairieharmattansh.com

Librairie l'Espace Harmattan
21 bis, rue des Écoles – 75005 paris
librairie.espace@harmattan.fr
01 43 29 49 42

Lib. Méditerranée & Moyen-Orient
7, rue des Carmes – 75005 Paris
librairie.mediterranee@harmattan.fr
01 43 29 71 15

Librairie Le Lucernaire
53, rue Notre-Dame-des-Champs – 75006 Paris
librairie@lucernaire.fr
01 42 22 67 13

www.ingramcontent.com/pod-product-compliance
Lightning Source LLC
LaVergne TN
LVHW051407061026
849535LV00009B/3403
* 9 7 8 2 3 4 3 1 4 8 7 1 7 *